AUTORE

Francesco Mattesini , nato ad Arezzo il 14 aprile 1936, Francesco Mattesini, nato ad Arezzo il 14 aprile 1936, residente a Roma dall'estate 1951, ha prestato servizio, tra il febbraio 1958 e il luglio 1999, presso il IV Reparto dello Stato Maggiore dell'Esercito. Studioso ed esperto di guerra aeronavale, ricercatore abile e meticoloso, membro della Società di Storia Militare e dell'Associazione di Documentazione Marittima e Navale, già attivo collaboratore del Giornale d'Italia per il quale ha curato la rubrica "Verità Storiche", ha scritto, svelando molti retroscena, numerosissimi articoli di carattere politico-militare su quotidiani e stampa specializzata, ed ha pubblicato, con editori privati, i volumi "La battaglia d'Inghilterra"; "Il giallo di Matapan"; "La battaglia aeronavale di mezzo agosto"; e con coautore, soltanto per la parte politica, il Prof. Alberto Sanoni, "La partecipazione tedesca alla guerra aeronavale nel Mediterraneo", alla seconda edizione, (2005), di cui ha curato tutta la parte della ricerca, operativa, statistica e grafica.

Nel 2019 Mattesini ha pubblicato: "Luci e ombre degli aerosiluranti italiani Agosto 1940 - Settembre 1943"; "La battaglia aeronavale di mezzo-agosto, Il concorso delle forze italo-tedesche all'operazione britannica "Pedestal. 10–15 agosto 1942"; Punta Stilo Luglio 1940, 80° Anniversario della Prima Battaglia Aeronavale della Storia; La Decisione di Mussolini di occupare la Grecia; e La notte di Taranto.

Collaboratore dell'Ufficio Storico dell'Aeronautica, per il quale ha realizzato, "Le direttive tecnico operative di Superaereo", che includono, in quattro volumi, i principali documenti espressi dall'Organo Operativo dell'Arma aerea italiana tra l'aprile del 1940 e il settembre 1943, e il volume l'"Attività aerea italo - tedesca nel Mediterraneo. Il contributo del X Fliegerkorps", alla sua seconda edizione (2003), riveduta ed ampliata. Per l'Ufficio Storico della Marina, dopo aver ricevuto l'incarico di effettuare una severa e precisa revisione storica dei libri pubblicati negli anni 1950-1980, Mattesini ha pubblicato "La battaglia di Punta Stilo, "Betasom. La guerra negli oceani" (entrambe le opere integrate con nuovi elementi alla seconda edizione), "La battaglia di Capo Teulada", "L'operazione Gaudo e lo scontro notturno di Capo Matapan", "La Marina e l'8 settembre", in due Tomi, e i primi quattro volumi della collana "Corrispondenza e direttive tecnico-operative di Supermarina", che riguardano il periodo 1939-1941. Consegnato per la stampa il terzo volume, in quattro Tomi, ma non ancora stampato dall'USMM. Sempre per l'Ufficio Storico della Marina, Mattesini ha compilato, ad uso interno, importanti statistiche sulle perdite navali degli Alleati nella seconda guerra mondiale, in parte pubblicate a puntate sul Bollettino d'Archivio dell'Ufficio Storico della Marina Militare, di cui è stato assiduo collaboratore, con la realizzazione di sessanta grossi saggi, molti dei quali particolarmente importanti ed esaustivi.

PUBLISHING'S NOTES

None of unpublished images or text of our book may be reproduced in any format without the expressed written permission of Luca Cristini Editore (already Soldiershop.com) when not indicate as marked with license creative commons 3.0 or 4.0. Luca Cristini Editore has made every reasonable effort to locate, contact and acknowledge rights holders and to correctly apply terms and conditions to Content.

Every effort has been made to trace the copyright of all the photographs. If there are unintentional omissions, please contact the publisher in writing at: info@soldiershop.com, who will correct all subsequent editions.

Our trademark: Luca Cristini Editore@, and the names of our series & brand: Soldiershop, Witness to war, Museum book, Bookmoon, Soldiers&Weapons, Battlefield, War in colour, Historical Biographies, Darwin's view, Fabula, Altrastoria, Italia Storica Ebook, Witness To History, Soldiers, Weapons & Uniforms, Storia etc. are herein @ by Luca Cristini Editore.

LICENSES COMMONS

This book may utilize part of material marked with license creative commons 3.0 or 4.0 (CC BY 4.0), (CC BY-ND 4.0), (CC BY-SA 4.0) or (CC0 1.0). We give appropriate attribution credit and indicate if change were made in the acknowledgments field. Our WTW books series utilize only fonts licensed under the SIL Open Font License or other free use license.

For a complete list of Soldiershop titles please contact Luca Cristini Editore on our website: www.soldiershop.com or www.cristinieditore.com.
E-mail: info@soldiershop.com

Titolo: **BARI 1943: LA SECONDA PEARL HARBOR** Code.: **WTW-014** Di Francesco Mattesini.
ISBN code: 978-88-93276177 prima edizione luglio 2020 (ebook ISBN 9788893276184)
Lingua: Italiano Nr. di immagini: 124 dimensione: 177,8x254mm Cover & Art Design: Luca S. Cristini

WITNESS TO WAR (SOLDIERSHOP) is a trademark of Luca Cristini Editore, via Orio, 35/4 - 24050 Zanica (BG) ITALY.

WITNESS TO WAR

BARI 1943
LA SECONDA PEARL HARBOR

I BOMBARDAMENTI TEDESCHI SUI PORTI DELL'ITALIA MERIDIONALE

PHOTOS & IMAGES FROM WORLD WARTIME ARCHIVES

FRANCESCO MATTESINI

BOOKS TO COLLECT

INDICE

La Luftwaffe sul fronte italiano e del Mediterraneo   pag. 5

I bombardamenti tedeschi sui porti di Napoli e del Tirreno   pag. 11

La preparazione e pianificazione dell'attacco al porto di Bari   pag. 23

La realizzazione del devastante attacco al porto di Bari   pag. 31

Il danneggiamento della nave deposito motosiluranti britannica "*Vienna*"   pag. 59

Il dramma della Liberty "*John Harvey*"   pag. 63

Il bilancio delle perdite   pag. 71

Gli ultimi attacchi della Luftwaffe contro i porti italiani dell'anno 1943   pag. 83

Appendice fotografica dell'esplosione a Bari della nave Liberty *Henderson*   Pag. 91

▲ Il muso di uno Junkers Ju 88 , protagonista principale del bombardamento su Bari

LA LUFTWAFFE SUL FRONTE ITALIANO E DEL MEDITERRANEO

Fino al termine dell'estate 1943 il fronte del Mediterraneo, che veniva combattuto dai tedeschi dalle basi della Provenza a quelle dell'Egeo, passando per l'Italia e i Balcani, era stato per la Luftwaffe un pozzo senza fondo, a causa della necessità di reintegrare con nuovi velivoli, le cui caratteristiche erano continuamente migliorate, i logorati stormi da combattimento e da caccia, che Hitler e il maresciallo Göring, Comandante in Capo della Luftwaffe, erano stati costretti a mantenere in buon numero in questo vasto settore di guerra per sostenere l'Italia. Ma dopo l'armistizio dell'8 settembre, in cui l'Italia abbandonava l'alleanza con la Germania, senza informarla (da qui l'accusa di tradimento), per schierarsi dalla parte degli anglo-americani, il conseguente passaggio da una strategia offensiva a quella più puramente di contenimento della spinta dell'avversario, i compiti delle forze aeree tedesche sul fronte del Mediterraneo vennero riesaminati.

Fu infatti presa la decisione di prelevare da questo settore un sempre crescente numero di reparti da caccia e da bombardamento, da trasferire su altri settori di guerra. I caccia avrebbero dovuto rinforzare le difese interne della Germania e del suo potenziale industriale sempre più duramente battuto dall'aviazione anglo-americana, mentre i bombardieri avrebbero dovuto servire per creare in Russia e in Francia basi aeree strategiche destinate ad attaccare l'industria di guerra sovietica ad ovest degli Urali e a scatenare all'inizio del 1944 contro le isole britanniche una nuova vana e costosa offensiva. Quest'ultima operazione fu voluta ostinatamente da Hitler contro ogni logica quale ritorsione per gli attacchi terroristici della RAF (veri crimini di guerra) contro le città e la popolazione tedesca, e ciò nonostante la diversa opinione del maresciallo Göring, che non era poi quello sprovveduto nelle questioni aeronautiche che si è voluto far credere dai vincitori della guerra e non solo.

Di fronte alla decisione di rafforzare gli altri fronti a danno del Mediterraneo, la proporzione numerica in questo settore era destinata a divenire sempre sfavorevole per le forze aeree tedesche nei confronti di quelle anglo-americane. Infatti la 2ª Luftflotte del feldmaresciallo von Richthofen, c che alla data dello sbarco in Sicilia, il 10 luglio 1943, poteva contare su 932 aerei da combattimento al 1º ottobre dello stesso anno, ossia all'inizio della nostra storia, era scesa ad averne in linea 430, contro non meno di 3.000 aerei anglo-americani, i cui bombardamenti sulle città italiane erano sempre più impuniti. Altro che "Liberatori", é un termine che fa pena, dato che con i loro bombardamenti a tappeto gli aerei statunitensi non risparmiavano chiese, monumenti e centri cittadini. Alla fine dell'anno, con cui si concluderà il nostro racconto, la quantità di velivoli da combattimento della 2ª Luftflotte era scesa a 370, con i quali essa poteva soltanto continuare a combattere una battaglia senza speranza.

All'inizio di ottobre 1943, mentre le truppe degli Alleati, superata la crisi di Salerno e occupato il porto di Napoli, avanzavano verso nord, i velivoli della 2ª Flieger Divisione, unità della 2ª Luftflotte dislocata dagli aeroporti della Francia Meridionale, attaccavano con gli aerosiluranti e i bombardieri forniti di bombe razzo radiocomandate i convogli nel Mediterraneo occidentale che, superata Gibilterra, si dirigevano verso i porti dell'Italia meridionale. Contemporaneamente i bombardieri del X Fliegerkorps (generale Martin Fiebig) si dedicavano, dagli aeroporti della Grecia, ad attaccare in Egeo il naviglio britannico che proteggeva l'Isola di Lero e in qualche occasione il traffico che si svolgeva nel Mediterraneo orientale, spingendosi anche nel Mare Ionio, nelle cui acque ad oriente di Augusta il 7 ottobre danneggiarono irreparabilmente (total loss) il piroscafo italiano *Luana*.

Sul fronte italiano, i bombardieri del II Fliegerkorps degli Stormi KG.30, KG.54 e KG.76 cominciarono a rivolgere la loro attenzione al porto di Napoli, divenuto il principale scalo dei rifornimenti degli Alleati nel Mediterraneo. Per effettuare tale compito i tedeschi furono in grado di mettere in linea grosse formazioni di bombardieri Ju.88, nonostante le grosse perdite riportate nell'ultimo periodo seguito all'armistizio dell'Italia, alla crisi di Salerno, e alle operazioni in Egeo, e malgrado le esigenze che distoglievano i velivoli dalle basi della penisola italiana per trasferirli in altri teatri di guerra. Alla data del 20 ottobre erano in fatti presenti nel Mediterraneo 991 velivoli da combattimento dei quali 335 bombardieri, 207 bombardieri in picchiata e assaltatori, 296 caccia e 153 tra ricognitori e velivoli di cooperazione aerea. Di questi 991 velivoli, soltanto 395 erano in Italia, 98 nella Francia meridionale, 250 in Grecia, 80 in Romania, 168 un Croazia. Quando la 5a Armata statunitense del generale Mark Clark ebbe occupato il 1° novembre il porto di Napoli, che fin dall'inizio dello sbarco a Salerno del 9 settembre (operazione "Avalance") era stato considerato uno degli scopi primari per proseguire l'avanzata verso Roma, che sarebbe dovuta essere veloce per giungere in aiuto degli italiani i quali invece crollarono subito di fronte ai tedeschi, questi ultimi compresero che il porto di Napoli sarebbe stato il più importante scalo per i rifornimenti degli Alleati e pertanto sarebbe diventato l'obiettivo principale per i loro aerei. Tuttavia, prima che il porto di Napoli potesse

▲ Il rifornimento di benzina a velivoli da bombardamento Ju.88 della 2a Luftflotte prima del decollo per una missione bellica.

funzionare a pieno regime ci volle un certo tempo, poiché prima fu necessario liberare dai resti delle devastazioni lasciate dai tedeschi in ritirata agli impianti e al naviglio. Il porto era pieno di relitti di navi di ogni tipo e grandezza affondate, e con gli impianti distrutti non era quindi ancora idoneo a costituire un efficace base di appoggio per la 5a Armata.

Un altro importante obiettivo per l'alimentazione delle forze dell'8ª Armata britannica del generale Berhard Montegomery, era il porto di Bari, raggiunto l'11 settembre dalla 1ª Divisione Aviotrasportata dopo che le truppe italiane, combattendo i tedeschi, ne avevano mantenuto il controllo, senza però riuscire ad impedire la distruzione e il danneggiamento delle navi che si trovavano nel porto[1].

▲ Bellissima immagine di un Ju.88 in volo sul Mediterraneo nel 1942. Era considerato "l'aereo miracolo della Luftwaffe".

---

1 L'8 settembre 1943 il Comando di Marina Taranto era alle dipendenze del contrammiraglio richiamato Tommaso Panunzio, che era anche Comandante del porto, ed era compreso nella circoscrizione del Comando Marittimo di Marina Brindisi, con responsabile l'ammiraglio di divisione Luigi Rubartelli. Il Comando di Marina Bari aveva a disposizione la Capitaneria, un reparto di marinai per i vari servizi del porto, e una flottiglia per dragaggio di 12 unità, mentre la difesa interna della città e del porto era affidata ad un Comando difesa porto dell'Esercito. Cfr., Giuseppe Fioravanzo, *La Marina dall'8 Settembre 1943 alla fine del conflitto*, USMM, Roma, 1972, p. 249. Sui combattimenti di Bari del 9 settembre in una Relazione dello Stato Maggiore del Regio Esercito dall'oggetto "Gli avvenimenti in Puglia e Lucania", è scritto: *"A Bari, circa 150 tedeschi, delle S.S. penetrarono nel porto per compiervi distruzioni, mentre altri cercavano di impadronirsi della 194ª Batteria 76/40 contraerei. La pronta reazione degli elementi della difesa del porto frustrò il tentativo ed obbligò il nemico ad arrendersi, inutilmente soccorso da altri reparti, dispersi dal nostro fuoco. Nell'interno della città azioni germaniche a sfondo terroristico furono duramente rintuzzate, con la perdita complessiva da parte tedesca di 53 uomini, di 400 prigionieri, di vari autocarri, armi e munizioni. Le perdite italiane furono complessivamente di 31 uomini"*. Cfr, Archivio Stato Maggiore Esercito Ufficio Storico, fondo I-3, cartella 26. A Bari vi era il Comando dal 9° Corpo d'Armata della 7a Armata, e i combattimenti nella città e nel porto delle truppe italiane furono diretti dal generale Nicola Bellomo, che fu ferito. Vi erano nel porto 20 navi e i tedeschi riuscirono ad affondare le motonavi *Genepesca II* e *Vanda M.* e il piroscafo *Frosinone*, e a danneggiare la motonave *Volodda*.

Ma il suo utilizzo serviva anche agli statunitensi per i rifornimenti di ogni genere da far affluire alla 15a Air Force, una grande unità aerea che si andava costituendo nelle Puglie, ampliando una decina di aeroporti della zona di Foggia e in altre parti della Regione[2]. Lo scopo era quello di permettere ai bombardieri strategici B.17 e B.24 di battere gli obiettivi nel sud della Germania e dei Balcani, fino ad includervi gli impianti petroliferi della Romania. Ciò significava, con questa esigenza, di congestionare ancor di più i porti della Puglia, che già lo erano alquanto per l'approvvigionamento dell'8ª Armata, che in effetti ne fu ancor più penalizzata. Scrisse infatti il generale Alexander, Comandante del 15° Gruppo d'Armate e quindi dell'intero fronte degli Alleati in Italia perchè raggruppava la 5ª e l'8ª Armata, che la presenza della 15a Air Force, essendo impiegata in un programma di bombardamenti strategici, costringeva a creare seri problemi di traffico e di servizi, mentre le sue necessità di manutenzione *"erano importanti quasi come quelli dell'intera 8ª Armata"*. Inoltre non si doveva dimenticare che uno dei principali obiettivi dell'invasione dell'Italia era stato quello di poter disporre di basi aeree che consentissero l'impiego strategico che quella grande unità aerea stava effettuando[3].

In tali circostanze, dovendo trasportare in Puglia gran parte del materiale bellico necessario alle comuni esigenze degli anglo-americani, fu oltretutto necessario da parte degli Alleati concentrare nei già congestionati porti di Bari e Brindisi, navigli leggeri di superficie, come i cacciatorpediniere e le motosiluranti, aventi compiti offensivi in Adriatico, quali l'attacco al traffico tedesco diretto in Grecia.

Alle difficoltà di trasportare in Italia uomini e mezzi e approvvigionamenti di ogni tipo, si aggiungeva per gli anglo-americani la grave penuria di navi da sbarco che stavano lasciando il Mediterraneo perché servivano per il previsto sbarco in Normandia della primavera del 1944, e nel fronte del Pacifico. In particolare, su 105 navi da sbarco per carri armati LST, 68 (delle quali 56 britanniche e 12 statunitensi) lasciarono il Mediterraneo, dove ne rimasero le restanti 37[4]. Questa misura, accolta sgradevolmente dai locali comandi Alleati, impediva di aggirare con operazioni anfibie le linee di resistenza tedesche.

Vi erano infine le sfavorevoli condizioni atmosferiche dell'autunno che, trasformando il terreno in pantani, finirono per rendere molto più difficili i movimenti dei mezzi corazzati e delle truppe, e che contribuivano anche a rallentare l'attività aerea d'appoggio.

---

[2] Il 17 settembre, in un messaggio al Congresso, il Presidente statunitense Roosevelt aveva annunciato la sua intensione di creare basi aeree nell'Italia meridionale per attaccare obiettivi nella Germania sud orientale. La conquista degli aeroporti della zona di Foggia era stata una delle condizioni poste dagli Alleati nel trattare l'armistizio con il Governo italiano, che avrebbe dovuto fare di tutto per mantenerle fino all'arrivo degli Alleati. Ma ciò, come sappiamo, non fu possibile, perché in due giorni l'Esercito italiano si liquefece, spesso di fronte ad un nuovo nemico, fino ad allora fedele alleato, di consistenza esigua. Subito dopo la conquista di Napoli, a Washington i Capi di Stato Maggiore Congiunti decisero di ritirare le forze aeree strategiche dalla Libia, per trasferirle nella Puglia, e poiché le basi aeree della zona di Foggia erano state abbandonate dai tedeschi in ritirata, la 15° Air Force, con i suoi nuovi gruppi da bombardamento di quadrimotori B.17 e B.24 vi fu trasferita con una eccezionale profusione di mezzi e tecnica ineccepibile, che permise in poco tempo di attrezzare gli aeroporti, ed iniziare gli attacchi aerei, il primo dei quali, il 1° novembre, con un volo di 1.600 miglia, si svolse contro le fabbriche degli aerei Messerschmitt di Viener Neustadt, in Austria, da parte di sei gruppi di bombardieri, due dei quali della 5a Divisione della 9a Air Force arrivati a Foggia dalla Tunisia. Seguirono poi i bombardamenti sulle fabbriche di cuscinetti a sfera di Torino, sugli snodi ferroviari di Genova, Bologna e Innsbruck, sui campi petroliferi romeni di Ploesti, e attaccando perfino obiettivi in Cecoslovacchia. Tutto ciò comportava di fargli arrivare un afflusso di 300.000 tonnellate di rifornimenti, a scapito del 15° Gruppo d'Armate del generale Alexander, e in particolare dell'8ª Armata britannica, in un momento in cui aveva sul territorio italiano soltanto quattro divisioni, contro le sette divisioni della 5a Armata statunitense.

[3] Richard Dennis & Str. G. Saunders Hilary, Royal Air Force, Volume II, *United Kingdom Military Series*.

[4] C.J.C. Molony, F.C. Flynn, H.L. Davies, T.P. Gleave, *The Mediterranean and Middle East*, Volume V, HMSO, London, 1973, p. 579.

▲ Il tenente generale James H. Doolittle, Comandante della 15a Air Force, tra i suoi ufficiali di volo.

▼ Bombardieri B.17 del 2° Gruppo della 15a Air Force di base in Puglia, nella base di Amendola, in volo ad alta quota come dimostrano le scie della condensazione.

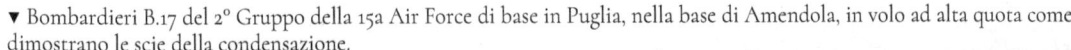

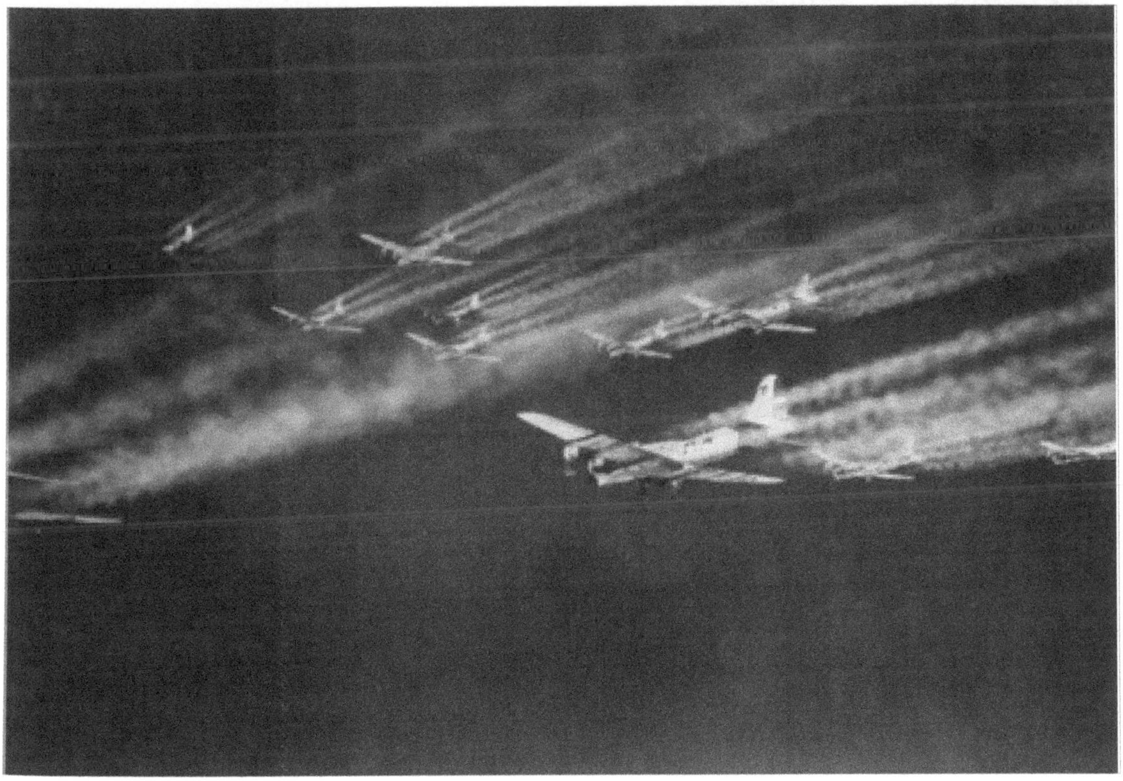

Tutto ciò contribuì a rendere molto più lenta l'offensiva alleata verso Roma e di quella sanguinosa battaglia sul fronte di Cassino che si prolungò per ben sette mesi, fino all'ultima settimana di maggio 1944. Questo ritardo nei piani degli Alleati fu determinato da un ottimo successo difensivo del feldmaresciallo Albert Kesselring, Comandante Superiore del Sud (Oberbefehlshaber Süd – OBS), il miglior stratega della campagna d'Italia, che aveva la sua sede di Comando a Frascati, a 20 km a sud di Roma. Egli, preparando una prima linea di difesa non nella Linea Gotica (tra Livorno, Arezzo e Pesaro) come intendeva Hitler, ma nella zona del Volturno e del Trigno, per poi arretrare e passare alla linea del Sangro, contribuì ad impedire al Comandante in Capo degli Alleati, generale Eisenhower, di realizzare il suo programma offensivo, che consisteva nell'avanzare il più rapidamente possibile in Italia per distogliere forze tedesche dal fronte russo e dalla Francia, a vantaggio dell'avanzata sovietica.

▲ I bombardieri B.24 del 451° Gruppo della 15a Air Force durante un'incursione contro gli impianti petroliferi rumeni di Ploesti il 31 maggio 1944.

I BOMBARDAMENTI TEDESCHI SUI PORTI DI NAPOLI E DEL TIRRENO

Le condizioni in cui gli statunitensi il 1° ottobre trovarono il porto di Napoli, e lo rimisero in funzione, sotto la direzione del colonnello del Reale Genio Navale J.A. Mavor, sono state ben descritte dallo storico britannico capitano di vascello Taprell Dorling (Taffrail)[5]:

Le distruzioni erano molto estese. Tutti i bacini di carenaggio erano fuori uso con le carcasse di molte navi gravemente danneggiate che giacevano lungo i loro lati. I battelli porta dei tre bacini in muratura erano stati sabotati, uno senza possibilità di riparazione e le pompe principali di due bacini erano state completamente distrutte con esplosivo. Il bacino galleggiante era stato affondato e tutte le officine di riparazione con le macchine e i congegni di sollevamento sistematicamente demolite o danneggiate. Nel settore delle riparazioni fu compiuto in miracolo. Il bacino per i cacciatorpediniere fu vuotato e la carcassa di un cacciatorpediniere italiano rappezzata e rimossa, per cui il bacino poté rientrare in funzione dopo 21 giorni. Un grosso bacino per incrociatori venne pure rimesso in uso in Dicembre, dopo che erano state rimosse le navi che vi giacevano, tolti i relitti dalla centrale delle pompe ed installate pompe nuove. Nei cantieri di Castellamare di Stabia fu costruito un battello porta per il terzo bacino in muratura, nel tempo record di 49 giorni. Il mese di febbraio 1944 vide riemergere, quasi completamente riparato, il bacino galleggiante, mentre a Marzo furono ricostruite a Castellamare quattro grosse gru a braccio sporgente. Sugli scali furono completate quattro motozattere tedesche e quattro piccole cisterne, giusto in tempo per prendere parte, in Gennaio, all'operazione di Anzio; fu inoltre costruito un gran numero di bettoline per accelerare lo scarico delle merci nel porto. Si lavorò giorno e notte per la messa a punto degli scivoli per grosse motozattere, e alla fine di marzo 1944 nella zona di Napoli erano in bacino, o poste sullo scivolo per le riparazioni, oltre 100 tra navi e grossi mezzi da sbarco.

▲ Le distruzioni lasciate dai tedeschi nel porto di Napoli, alla Stazione Marittima, dopo la loro ritirata e l'arrivo degli statunitensi il 1° ottobre 1943.

---

5 Taprell Dorling, *Mediterraneo Occidentale 1942-1945* (tradotto dall'inglese *Western Mediterranean 1942-1945* ad uso di ufficiali della Marina Reale), Ufficio Storico della Marina Militare, Roma, 1952, pp. 175-176.

▲ La nave da sbarco per carri armati statunitense LST.77, sbarca carri armati durante lo sbarco di Anzio del 21 gennaio 1943.

▼ 1° ottobre 1943. L'arrivo a Napoli degli statunitensi.

Fino a quando il porto di Napoli non fu messo in condizione di funzionare, il porto di Salerno dovette essere utilizzato come punto di scarico principale per i rifornimenti della 5a Armata statunitense. Inizialmente, mezzi ruotati anfibi DUKW avevano trasportato rifornimenti dalle navi ancorate al largo del porto di Napoli; poi il 4 ottobre vi arrivò la prima nave da carico Liberty, e nei giorni seguenti si lavorò per creare nel porto posti d'attracco per 26 navi Liberty, 6 navi di piccolo cabotaggio e 11 mezzi da sbarco. Dopo due settimane dalla conquista di Napoli gli Alleati erano in grado di scaricare quotidianamente 3.500 tonnellate di merci, che rappresentavano però neppure la metà di quante ne venivano scaricate in quel grande porto della Campania (8.000 tonnellate) prima della guerra. Si arrivò poi a scaricare 7.000 tonnellate al giorno di merci alla fine del mese di ottobre, mentre 600 DUKW venivano usati per le operazioni portuali[6].

La prima incursione della Luftwaffe dell'anno 1943 contro il porto di Napoli si svolse la notte del 2 ottobre, senza perdite tra gli equipaggi di volo, e l'ultimo attacco, il sesto, avvenne la sera del 26 novembre. Queste azioni, che erano state richieste da Hitler con direttiva del 12 novembre, furono condotte con i reparti di bombardieri Ju.88 del 2° Corpo Aereo (II Fliegerkorps), comandato dal generale Alfred Bulowius, con sede di comando a Merate (Milano). Si trattava dell'unità da bombardamento della 2ª Flotta Aerea (2ª Luftflotte), comandata dal feldmaresciallo Manfred von Richthofen, che a sua volta dipendeva dall'OBS, feldmaresciallo Albert Kesselring. I loro comandi erano a Frascati. I bombardieri della 2ª Luftflotte, nelle loro azioni, furono comandati dal colonnello Walter Storp, nel periodo 11 settembre – 30 novembre 1943.

▲ Un'altra nave affondata nel porto di Napoli, e la distruzione delle banchine con le sue gru di carico e altre attrezzature.

---

6 Martin Blumenson, "La lotta per l'Italia meridionale", in *Storia della Seconda Guerra Mondiale*, IV Volume, Rizzoli-Purnell, Milano, 1967, p. 240.

Il 12 ottobre, nel corso di un attacco alle navi nel Golfo di Salerno, dove in attesa di rendere operativo il porto di Napoli affluivano i rinforzi e rifornimenti per la 5a Armata statunitense del generale Clark, non rientrarono alla loro base due velivoli Ju.88 della 9a Squadriglia del III./KG.54, i cui piloti, capitano Paul Teuscher, comandante del Gruppo, e il tenente Max Kröpfl, decedettero con i loro sei uomini dell'equipaggio. Un altro Ju.88 del III./KG.54, anch'esso impiegato in azione antinave, andò perduto l'indomani nella medesima zona del Golfo di Salerno. Dell'equipaggio, che aveva per pilota il sergente maggiore Walter Schmidt, vi fu un solo superstite che, raccolto in mare, fu fatto prigioniero. Per lo stesso compito antinave e nella stessa zona di mare di Salerno, il 18 ottobre andò perduto uno Ju.88 del I./KG.30, con pilota il sergente maggiore Wilhelm Dohmeier[7].

Alla data del 20 ottobre la 2° Luftflotte aveva in carico, compresi i velivoli da trasporto, 455 aerei (265 operativi), e di essi il II Fliegerkorps disponeva nei suoi tre stormi da bombardamento 198 bombardieri Ju.88, dei quali 141 efficienti, ripartiti in sette gruppi: I. e II./KG.30, I. II. e III./KG.54 e I. e II./KG.76[8]. Il III./KG.54 rimase ancora in Italia per pochi giorni poiché, dopo aver sospeso le azioni belliche il 30 settembre, il 26 ottobre si trasferì dall'aeroporto di Bergamo a Ingolstadt-Manching, in Germania, passando alle dipendenze del IX Fliegerkorps.

▲ Lo scafo rovesciato dell'incrociatore italiano *Muzio Attendolo*, affondato il 4 dicembre 1942 nell'attacco di venti velivoli statunitensi B.24 del 98° e 376° Gruppo Bombardieri della 9a Air Force, viene usato per imbarcare i soldati su un trasporto truppe americano.

---

7 Christophrt Shores –Giovanni Massimello – Russell Guest – Frank Olynyk – Winfried Bock – Andy Thomas, *A History of the Mediterranean Air War 1940 – 1945*, Volume IV, Grub Street, London, 2018, pp. 406, 408, 412.
8 Karl Gundelach, *Die deutschen Luftwaffe im Mittelmeer 1940-1945*, Volume II, Peter D. Lang. Francoforte sul Meno, 1981, p. 145; Siegfried Radtke, *Kampfgeschwader 54, von der JU 52 zur ME 262*, Schild Verlag, Monaco, 1990, p. 193.

▲ Un mezzo ruotato anfibio DUKW arriva sulla spiaggia con il carico ricevuto da una nave da trasporto.

▼ Le distruzioni causate dai bombardamenti degli Alleati in un quartiere di Napoli lungo il porto.

▲ Bombardiere Ju.88A del KG.54 in sosta in un aeroporto italiano nel 1943. La mimetizzazione è quella adottata dai velivoli tedeschi.

▼ La città di Napoli con la veduta panoramica del suo porto pieno di navi degli Alleati.

Il secondo attacco del II Fliegerkorps contro il porto di Napoli si verificò nella notte tra il 21 e il 22 ottobre ad opera di 114 bombardieri Ju.88 dei suoi sei gruppi. Non ebbe grossi successi, mentre da parte tedesca ben 15 Ju.88 non fecero ritorno alle basi dell'Italia settentrionale, a causa del forte contrasto della contraerea degli Alleati. Tra i velivoli non rientrati, tre Ju.88 erano del I./KG.30 (1° Gruppo del 30° Stormo Bombardamento), due del I./KG.54, 5 del II./KG.54, cinque del II./KG.54, tre del I./KG.76 e due del II./KG.76. Tra questi velivoli, uno del I./KG.54 con pilota il sergente Draco Verhove, avendo perduto l'orientamento e rimasto a secco di benzina, atterrò a Dubendorf in Svizzera dove venne internato. Un altro Ju.88 della 6ª Squadriglia del II./KG.54, con pilota il sergente Werner Pilz, fu abbattuto per mancato riconoscimento dalla contraerea tedesca presso Bologna. Un altro del II./KG.76 per un guasto al motore si sfasciò in atterraggio a 14 km da Roma. Altri quattro Ju.88 danneggiati precipitarono nel corso del rientro alle basi: due del II./ KG.54 precipitarono presso Piacenza e a Bergamo e altri due, uno del I./KG.76 e uno del II./KG.76, effettuarono atterraggi forzati a una decina di km a sud di Gorizia. In totale si persero tra gli equipaggi di volo 35 uomini e altri 4 furono internati in Svizzera[9]. Nonostante la batosta subita dai reparti del II Fliegerkorps, nella notte tra il 23 e il 24 ottobre, 90 velivoli decollati per bombardare Napoli non portarono a termine la missione secondo quanto pianificato perché 68 Ju.88 non raggiunsero l'obiettivo, e i 22 che attaccarono causarono danni al solo piroscafo Liberty statunitense *James Iredell*, di 7.177 tsl, che fu colpito in pieno da tre bombe. La benzina che la nave stava trasportando s'incendiò e la *James Iredell* fu abbandonata. Il fuoco continuò a divampare per sessantaquattro ore, ma non vi furono perdite fra i 44 uomini dell'equipaggio, 22 marinai statunitensi e 28 passeggeri. La nave fu riparata ma poi, dopo lo sbarco degli Alleati in Normandia, servì il 7 giugno 1944 per costituire il porto artificiale sulla spiaggia di Omaha, dove fu colpita dalle artiglierie tedesche e abbandonata.

▲ Il piroscafo Liberty statunitense *James Iredell* al varo il 29 novembre 1942 nei Cantieri del North Carolina.

---

9 Christophrt Shores –Giovanni Massimello – Russell Guest – Frank Olynyk – Winfried Bock – Andy Thomas, *A History of the Mediterranean Air War 1940 – 1945*, Volume IV, cit., p. 416.

Nel corso dell'attacco aereo andarono perduti sette Ju.88, dei quali due del I./KG.30, uno del II./KG.30, uno del I./KG.54, due del II./KG.54, e uno del I./KG.76. Almeno tre di questi velivoli furono abbattuti dalle artiglierie della difesa contraerea di Napoli, altri due o tre dei caccia notturni Beaufighter degli Squadron, 255° e 600° della RAF tra Napoli e Gaeta, mente un velivolo della 2ª Squadriglia del I./KG.54, con pilota il sottufficiale Werner Goertz, fu costretto ad effettuare un atterraggio forzato a 16 km ad est di Roma per un guasto al motore[10]. Tra gli Ju.88 non rientrati alla base vi era anche quello del capitano Horst Bressel, comandante del II./KG.54, decorato con Croce di Cavaliere con Fronde di Quercia. Lo sostituì nel Comando del Gruppo un veterano: il capitano Karl Palliardi[11].

Il 28 ottobre decedette il Comandante del 1° Gruppo del 30° Stormo Bombardamento maggiore Alexander Freiherr von Blomberg, il cui Ju 88A-4, 4D+AB, della Squadriglia Comando (Stab./KG.30) che precipitò durante un volo presso Bardi, a 45 miglia a sud di Piacenza. Decedettero anche i quattro uomini dell'equipaggio. A sostituire von Blomberg subentrò il capitano Günther Schulz. Il II Fliefgerkorps tornò ad attaccare il porto di Napoli il 1° novembre con una massa di 102 velivoli Ju.88, che in parte sganciarono le motobombe LT.350 (le FFF di costruzione italiana). Fu colpito e danneggiato il posamine britannico *Linnet* (tenente di vascello Richard Homewood); costruito nei cantieri scozzesi di Ardrossan Dockyard, era entrato on servizio nella Royal Navy il 18 giugno 1938 e fu smantellato a Dunston l'11 maggio 1964. Nell'attacco aereo andarono perduti, ad opera della contraerea di Napoli, quattro Ju.88: uno del I./KG.54 e tre del II./KG.30, con i loro 16 uomini d'equipaggio. Uno degli Ju.88 della 5a Squadriglia del II./KG.30, al rientro dalla missione, essendo rimasto danneggiato, precipitò sul Monte Amiata, causando la morte del pilota, sergente maggiore pilota Hans Pschbul, e dei suoi tre uomini dell'equipaggio[12].

▲ Il posamine britannico Linnet.

---

10 Ibid, p. 419.
11 Siegfried Radtke, *Kampfgeschwader 54, von der JU 52 zur ME 262*, cit., p. 196.
12 Christophrt Shores –Giovanni Massimello – Russell Guest – Frank Olynyk – Winfried Bock – Andy Thomas, *A History of the Mediterranean Air War 1940 – 1945*, Volume IV, cit., p. 427.

▲ Tre dei quattro uomini dell'equipaggio di uno Ju.88 della 6a Squadriglia del II./KG.76.

Nel frattempo, le incursioni aeree della 2ª Luftflotte contro le basi navali Alleate dell'Italia meridionale continuarono ad avere per obiettivo il porto di Napoli, che subì un nuovo pesante bombardamento nella notte tra il 5 e il 6 novembre da parte di 92 velivoli Ju.88, cinque dei quali non rientrarono alla base. Tra gli aerei perduti uno era del I./KG.30, uno del I./KG.54, due del II./KG.54, e uno del I./KG.76. Dei 20 uomini d'equipaggio se ne salvarono soltanto due[13]. Degli aerei tedeschi, otto andarono perduti per abbattimento o in seguito ad atterraggi forzati nella notte tra il 9 e il 10 novembre nel corso di un'incursione di 30 bombardieri Ju.88, che causò ulteriori danni al dragamine di squadra britannico *Rhyl*. Gli equipaggi tedeschi sostennero di aver affondato una nave mercantile[14]. Altri nove velivoli, facenti parte di un'ondata d'attacco di 72 Ju.88, furono abbattuti nel corso di un altro bombardamento sul porto di Napoli svoltosi nella notte tra il 26 e il 27 novembre: di essi due Ju.88 erano del II./KG.30, tre del II./KG.30, uno del I./KG.54 e tre del II./KG.54[15]. Nell'occasione, i velivoli del 54° Stormo impiegarono, oltre alle bombe normali da 250 e 500 chili, le motobombe LT.350 (le italiane FFF), e di essi due non rientrarono alla base: uno della 3a Squadriglia (del I./KG.54) con pilota il tenente Wilhelm Hanak-Hammerl e uno della 5a Squadriglia (del II./KG.54) con pilota il sergente maggiore Walter Meier[16]. Una delle LT.350 colpì la motolancia britannica *ML-126* (C.H. Pearse), a miglia 1½ a sud dell'entrata del porto.

Quel piccolo scafo non affondò, ma avendo riportato gravi danni non si ritenne conveniente una riparazione, e quindi considerato perdita totale (total loss). Dal giugno 1942 la *ML-126* aveva svolto il suo servizio alla Valletta, il porto principale dell'Isola di Malta.

13 Ibid, p. 431.
14 Ibid, p. 433.
15 Ibid, pp. 448-449.
16 Siegfried Radtke, Kampfgeschwader 54, von der JU 52 zur ME 262, cit., pp. 197 e 322.

▲ Il dragamine di squadra britannico *Rhyl*.

▼ La motolancia britannica *ML-187*, dello stesso tipo della *ML-126*.

Anche la base navale italiana della Maddalena e il porto di Bastia furono presi di mira pesantemente nella notte tra il 24 e il 25 novembre da un complesso di centodiciannove bombardieri. I risultati dell'azione, iniziata nel pomeriggio contro La Maddalena da parte di venticinque Ju.88, e poi proseguita durante l'oscurità, furono comunque negativamente sproporzionati per i tedeschi, perché nel corso di quelle azioni persero tredici velivoli, di cui cinque del I./KG.30, quattro del I./KG.54, tre del II./KG.54, e uno del I./KG.76, conseguendo per contro a La Maddalena l'affondamento della sola motosilurante britannica *MTB-73* (sottotenente di vascello Jeffrey Jenner Fust Airms)[17].

Ma quella stessa notte non andò bene neanche all'aviazione britannica, perché in un bombardamento delle fabbriche di Villar Perosa (Torino) realizzato dal 205° Gruppo della RAF con 76 Wellington di sei Squadron (37°, 40°, 70°, 104°, 142°, 150°) decollati dagli aeroporti di Oudna e Djedeida in Tunisia, accadde che per straordinaria coincidenza 13 velivoli andarono perduti ad opera della Flak, la contraerea tedesca, compreso quello del comandante del 104° Squadron. Da qui, la constatazione che l'efficacia della contraerea degli anglo-americani e di quella germanica, impiegando ottimi cannoni e proiettili a spoletta di prossimità che esplodevano vicino ai velivoli, praticamente si equivalevano[18]. Altre incursioni di velivoli del II Fliegerkorps furono dirette contro la navigazione nel porto di Napoli con impiego, come abbiamo accennato, di motobombe a percorso circolare del tipo italiano FFF, che i tedeschi, avendole acquistate dalla Ditta Contini dopo accordi con lo Stato Maggiore dalla Regia Aeronautica, chiamavano LT.350, e che avevano iniziato ad usare nella primavera del 1942 con il I./KG.54. Queste armi, che erano come dei piccoli siluri, trasportati da ogni aereo in numero di quattro sistemate sotto le ali, e che scendevano con un paracadute che si sganciava toccando l'acqua, causarono l'affondamento di tre piccole unità britanniche. E cioè: il 22 novembre la nave porta-ostruzioni *Barflake* (sottotenente di vascello della riserva Peter Henderson), sulla quale decedettero tre uomini dell'equipaggio; il 27 novembre la motolancia *ML-126* (C.H. Pearse), che, come detto, fu colpita a miglia 1 ½ e sud dell'entrata del porto e pur non affondando per i gravi danni considerata irreparabile; e nella notte del 2 dicembre il mezzo da sbarco per carri armati della 10ª Flottiglia *LCT-242* andato perduto con 15 uomini dell'equipaggio.

Mentre si svolgevano gli attacchi aerei tedeschi, il servizio d'informazioni degli Alleati, in particolare con l'organizzazione crittografica Ultra decifrando il codice della macchina cifrante Enigma della Luftwaffe, non fu in grado di dare un aiuto concreto nei casi delle azioni che riguardavano gli attacchi aerei contro le navi nei porti. Tra il 21 ottobre e la fine di novembre lo sforzo dei bombardieri del II Fliegerkorps fu quello, come sappiamo, di attaccare Napoli per sei volte di notte e una sola volta di giorno. Nel caso delle incursioni notturne l'intercettazione e decrittazione dei messaggi trasmessi compilati con il codice Enigma aveva rilevato che era stata ordinata l'operazione da bombardamento ma senza che l'Ultra fosse in grado di scoprirne l'obiettivo. Lo stesso sarebbe accaduto per quanto riguarda il bombardamento di Bari del 2 dicembre 1942, poiché l'Ultra riuscì soltanto a conoscere dettagli sui voli di ricognizione degli aerei tedeschi sul porto e sull'aeroporto di Bari.

---

17 Ibid, p. 445. * Per i bombardamenti descritti vedi anche Karl Gundelach, *Die deutschen Luftwaffe im Mittelmeer 1940-1945*, Volume II, cit., p. 152-153. Riportato da Francesco Mattesini in *La partecipazione tedesca alla guerra aeronavale nel Mediterraneo (1940-1945)*, Edizioni dell'Ateneo, Roma, 1980. Gli stessi dati sono riportati anche da Franz Kurowski, in *Battleground Italy 1943-1945, The German Armed Forces in the Battle for the "Boot"*, Ian McLullen, Canada, 2003, pp. 309-311.

18 Sito Archive Report – Allied Force, *Operation Turin*.

▲ La motosilurante britannica *MTB-73* che fu affondata dagli Ju. 88 tedeschi a La Maddalena.

▼ La nave porta-costruzioni *Barbican* dello stesso tipo della *Barflake*

LA PREPARAZIONE E PIANIFICAZIONE DELL'ATTACCO AL PORTO DI BARI

L'attacco al porto pugliese, principale scalo degli Alleati nel settore del Mare Adriatico, attraverso il quale affluivano i rifornimenti per l'8ª Armata britannica del generale Bernard Montgomery e per la nuova formidabile 15a Forza Aerea (Air Force) statunitense del generale Jimmy H.Doolittle (dal 1º dicembre con Comando a Bari in un elegante edificio già della Regia Aeronautica in riva al mare) concentrata sui grandi aeroporti della zona di Foggia, fu discusso presso il Comando del feldmaresciallo Kesselring (OBS) verso la fine di novembre. Oltre a Kesselring e al Comandante della 2ª Luftflotte, feldmaresciallo von Richthofen, erano presenti alla riunione due qualificati ufficiali superiori di aviazione: il maggior generale Dietrich Peltz, specialista della tecnica del bombardamento e fautore della tattica del concentramento di massicce formazioni di bombardieri su un solo obiettivo, e il tenente colonnello dei reparti da bombardamento Werner Baunbach, asso della specialità, e già comandante del famoso stormo da bombardamento KG.30, che per le sue vittorie era stato insignito da Adolf Hitler della croce di cavaliere con fronde di querce e spade. La stressa altissima onorificenza delle spade aveva ricevuto anche Pelz, la cui fama come pilota di bombardieri Ju.88 era pari nella Luftwaffe a quella di Baumbach[19]. Fino a quel momento la 2ª Luftflotte si era astenuta dall'attaccare in massa i porti orientali dell'Italia meridionale conquistati dagli Alleati (Taranto, Brindisi e Bari) per riservare tutti gli sforzi nel Tirreno, a Napoli in particolare.

▲ Fantastica immagine di uno Ju.88 in manovra e con velocità ascensionale.

---

19 Glenn B. Infield, *Disastro a Bari*, cit., p. 41.

Il feldmaresciallo Kesselring aveva in precedenza considerato come possibili obiettivi gli aeroporti della zona di Foggia, ma gli mancavano le forze aeree necessarie per attaccare con successo quel grande complesso di basi aeree. Il generale von Richthofen, Comandante della 2ª Luftflotte, aveva suggerito come alternativa un attacco in forze sul porto di Bari, per causare distruzioni che potessero paralizzare temporaneamente in quello scalo lo scarico dei rifornimenti all'8ª Armata britannica per rallentarne la pressione contro le forze tedesche. Egli era convinto che un'azione contro il porto di Bari avrebbe avuto possibilità di riuscita senza costare gravi perdite di velivoli ed equipaggi. Von Richthofen comunicò al feldmaresciallo Kesselring che per effettuare l'attacco era in grado di impiegare, se vi fossero state condizioni di tempo favorevoli, 150 bombardieri disponibili nelle basi dell'Italia settentrionale[20]; anche se poi, come vedremo, al momento dell'attacco fu in grado di disporne soltanto di 105[21]. La proposta di von Richthofen, dopo lunga discussione sulla scelta degli obiettivi, fu accettata dall'OBS[22].

▲ Da sinistra: i feldmarescialli Albert Kesselring e von Richthofen in visita al fronte di nettuno nel marzo 1944 discutono sulla situazione.

20 In effetti, secondo quanto a conoscenza dell'organizzazione crittografica britannica Ultra, decifrando le trasmissioni della Luftwaffe compilate con il codice della macchina cifrante Enigma, i tedeschi avevano una massa di 151 velivoli Ju.88 efficienti, dislocati negli aeroporti della Valle Padana, appartenenti ai Gruppi: I./KG.30, 29 aerei a Ghedi; II./KG.30, 31 aerei a Villafranca; I./KG.54, 27 aerei a Cameri; II./KG.54, 24 aerei a Bergamo; I./KG.76, 32 aerei a Villaorba; II./KG.76, 32 aerei a Aviano. Cfr., Nick Kemp, *Ever your, Johnnie, Sicily and Italy, 1943-45*, p. 440.
21 Per l'episodio dell'attacco a Bari, nel mio libro *La partecipazione tedesca alla guerra aeronavale nel Mediterraneo (1940-1945)*, Edizioni dell'Ateneo, Roma 1980, p. 524-539, mi ero basato soprattutto sul libro dell'autore statunitense Glenn B. Infield, Disaster at Bari, tradotto in italiano in *Disastro a Bari*, Adda Editore, Bari, 1971. Nel presente Saggio sono riportati molti aggiornamenti, in parte per pubblicazioni e in parte per i siti di Internet ma di solo quelli considerati attendibili. Importante è risultata, per fare maggiore chiarezza, la discussione nell'ambito della Lista AIDMEN con scambio reciproco di informazioni.
22 Glenn B. Infield, *Disastro a Bari*, cit., pp. 41-48.

Il Comandante del II Fliegerkorp, generale Alfred Bulowius, a cui spettava di preparare e dirigere l'attacco, mise insieme sei Gruppi da bombardamento degli Stormi KG.30 (maggiore Helmuth Störchel), KG.54 (tenente colonnello Volprecht Riedesel Freiherr zu Eisenbach) e KG.76 (tenente colonnello Rudolf Hallensleben). Ogni stormo disponeva, come sappiamo, di velivoli bimotori Ju.88, quelli che erano stati considerati per la loro versatilità a svolgere vari compiti di attacco "*i bombardieri miracolo della Luftwaffe*".

Nello stesso tempo il 122° Gruppo Ricognizione Strategica (Aufkl.Gr.(F)/122) fu incaricato di intensificare le missioni proprio sul porto di Bari, svolti giornalmente già da una settimana con i veloci velivoli bimotori Me.210 della 2ª Squadriglia (2.(F)/122) di base a Perugia-Sant'Egidio, per stabilire, sulla base di documentazione fotografica e dei relativi rapporti, il momento più propizio per colpire. L'occasione si presentò puntualmente nel pomeriggio del 2 dicembre al rientro dal volo di ricognizione del tenente pilota Werner Hahn, il quale, avendo sorvolato con il suo velivolo il porto di Bari alla quota di 8.000 metri, e dopo essere sfuggito nella rotta del ritorno all'inseguimento dei caccia Spitfire delala RAF, portò la prova che alla banchina di levante si trovavano molte navi sotto scarico, accostate l'una all'altra all'ormeggio, che quasi si toccavano. Si trattava dei piroscafi del convoglio AH-10A che, partito da Augusta (Sicilia) il 29 novembre con 19 navi mercantili provenienti dagli Stati Uniti e dal Nord Africa Francese, era giunto nel pomeriggio del 1° dicembre a Bari, scortato dai cacciatorpediniere classe "Hunt" *Bicester* e *Zetland* e da tre dragamine di squadra[23]. E poiché il porto era già congestionato di piroscafi da carico e navi da guerra, i piroscafi del convoglio andarono ad ormeggiarsi allineati al molo di levante. Vi erano in porto, ancorati in una darsena all'estremità occidentale del molo di levante, anche due cacciatorpediniere di squadra britannici, il *Quilliam* e il gemello *Quail*. Quest'ultimo era immobilizzato nel porto per aver urtato, il 15 novembre, una mina nei pressi di Bari posata dal sommergibile tedesco *U-453* (tenente di vascello Egon-Reiner von Schlippenbach)[24]. Nel pianificare l'attacco fu stabilito che i reparti da bombardamento destinati giungessero sull'obiettivo a bassa quota, in modo da non entrare nel campo d'osservazione dai radar della sorveglianza di Bari, e da sorprendere il sistema difensivo del porto predisposto dai britannici, e in cui erano inserite le batterie contraeree italiane rimaste nelle loro postazioni dopo che i tedeschi avevano lasciato la zona di Bari. Secondo un documento britannico si sarebbe trattato alla data del 2 dicembre del seguente complesso di artiglierie contraeree: da parte britannici, 32 cannoni da 3.7 pollici (94 mm), 36 da 40 mm, 18 mitragliere da 20 mm, 12 riflettori; da parte italiana, una ventina di cannoni da 76/40 e 75/27, otto da 37/46, 16 mitragliere da 20 mm, 20 riflettori.

Le batterie britanniche erano sotto il controllo di una sala operativa britannica (Gunnery

---

[23] Facevano parte del convoglio AH-10A le seguenti 19 navi mercantili: 15 britanniche *Athelviking* 8.779 tsl, *Coxwold* 1.124 tsl, *Crista* 2.590 tsl, *Empire Forest* 7.025 tsl, *Fort Capot River* 7.128 tsl, *Fort Grant* 7133 tsl, *Mirian* 1.904 tsl, *Newbrough* 5255 tsl, *Ocean Fame* 7.173, *Ocean Trader*, 7.178; *Rallus*, 1.871 tsl, *Samaritan* 7.219, *Spero* 1.589, *Talma* 10.000 tsl, *Trevelyan* 7.292 tsl; 3 unità statunitensi *John Bascom* 7.176 tsl, *Joseph Wheeler* 7.176 tsl, *Lyman Abbott* 7.176 tsl (tutte e 3 tipo Liberty); 1 polacca *Puck* 1.065.

[24] L'11 novembre 1943 il sommergibile tedesco U-453 (tenente di vascello Egon-Reiner von Schlippenbach) effettuò la posa di uno sbarramento di 24 mine nei pressi di Bari, ed esattamente in lat. 41°08'N, long. 16°51'E. Il giorno 15 novembre, al momento di entrare in porto, il cacciatorpediniere *Quail* (capitano di fregata Robert Fergus Jenks) finì sullo sbarramento e per l'esplosione di una mina sotto lo scafo a poppa, all'altezza della torre dei cannoni da 120 mm, riportò gravi danni ed ebbe a lamentare la perdita di 23 uomini del suo equipaggio. Sette mesi più tardi, avendo effettuato sommarie riparazioni, il *Quail* lasciò Bari a rimorchiò per trasferirsi nell'arsenale di Taranto, ma non giunse a destinazione. Il 18 giugno 1944 una falla si aprì nello scafo lesionato dalla nave determinandone la perdita nel Golfo di Taranto, al largo della costa orientale della Calabria, in lat. 40°05'N, long. 17°52'E. Lo scafo del *Quail* è stato rintracciato il 5 giugno 2002, presso Gallipoli, ad una profondità di 90 metri, dalla famosa sub Claudia Serpieri.

▲ Tre formidabili piloti da bombardamento della Luftwaffe. Di sinistra il colonnello Joachim Helbig comandante dell'LG.1, il maggior generale Dietrich Peltz, il colonnello Werner Baunbach. Tutti e tre avrebbero ricevuto le spade sulla croce di cavaliere con fronde di quercia.

▼ A sinistra il generale Alfred Bulowius, Comandante del II Fliegerkorps. A destra il maggiore Helmuth Störchel Comandante del KG.30, uno dei tre Stormi da bombardamento destinati ad attaccare il porto di Bari.

Operations Room - GOR), e quelle italiane di una propria sala operativa italiana, ciascuna delle quali, all'occorrenza, avrebbe diretto la condotta del tiro di sbarramento[25].
Secondo l'articolo di Giuseppe Grande, *Bombe tedesche su Bari* (periodico Storia Militare, maggio 2008), la situazione della difesa contraerea di Bari, sotto il comando del capitano di vascello A.B. Jenks, era la seguente:
Era principalmente basata su palloni frenati, posti ad un altezza di 600 metri, cortine fumogene rilasciate per un tempo massimo di due ore e unità d'artiglieria antiaerei comprendenti 32 cannoni da 5.7 pollici, 16 complessi binati [singoli?] Bofors da 40 mm e 18 mitragliere da 20 mm disseminati sulle banchine e sui tetti dei principali edifici portuali, dipendenti dal 2862° Squadron A.A. dell'Esercito britannico (62ª Brigata/15° Army Group). A questi si aggiungevano altri pezzi sistemati tra punta S. Cataldo e il molo Zizzoli, gestiti da personale italiano, oltre a quelli antinave... Tale organizzazione era poi rinforzata da alcune postazioni radar in grado di garantire un allarme precoce. Per puro caso, in quel periodo, la principale postazione radar da cui dipendeva tutta la difesa antiaerei dell'area portuale, allocata sul tetto del Teatro Margherita e gestita dal 548° MSU (Mobile Signal Unit) americano, non era operativa perché in avaria.
Precedevano l'ondata d'attacco dei bombardieri del II Fliegerkorps tre Ju.88 della 6ª Squadriglia del II./KG.54 forniti di "Duppel" (finestre), ossia di migliaia di piccole lamine di stagnola da impiegare, secondo la tattica sviluppata dall'Aviazione britannica nel 1942 e dalla RAF, applicata per la prima volta su Amburgo nella notte del 23-24 luglio 1943. Le foglioline di stagnola, lunghe 80 centimetri, librandosi nell'aria, producevano sugli schermi dei radar nemici una nebbia diffusa, così da causarne l'accecamento al punto di rendere impossibile l'individuazione e la provenienza degli aerei incursori, impedendo con ciò anche di guidare i caccia notturni all'intercettazione.

▲ Velivolo da ricognizione tedesco Me.210.

---
25 George Southern, *Poisonous Inferno*, cit., p. 129.

Questo sistema di accecare i radar era stato impiegato per la prima volta dai tedeschi nell'attacco che il II Fliegerkorps, con 125 Ju.88 decollati dagli aeroporti italiani, è realizzato sul porto di Biserta la notte del 7-8 settembre 1943, proprio alla vigilia dello sbarco a Salerno. Invece, altri due Ju.88 della 6./KG.54 avevano ricevuto il compito di illuminare gli obiettivi con lancio di bengala al magnesio al momento dell'inizio dell'attacco. Il munizionamento di caduta degli Ju. 88 era costituito da bombe esplosive da 500 e 250 chili, da bombe incendiarie, e da alcune motobombe LT.350, che furono impiegate da un reparti specializzato in questo impiego, il II./KG.54 del capitano Karl Palliardi. In totale furono destinati a svolgere l'attacco contro il porto di Bari 105 bombardieri Ju.88, parte dei quali forniti anche di batterie di razzi illuminanti da paracadutare sugli obiettivi.

Si trattava dei bombardieri dei Gruppi I./KG.30 (capitano Günther Schulz) e II./KG.30 (maggiore Ernst Pflüger) decollati da Ghedi e Villafranca; I./KG.54 (maggiore Rudolf Hallensleben) e II./KG.54 (capitano Karl Palliardi), decollati da Cameri e Bergamo; I./KG.76 (capitano Helmut Wahl) e II./ KG.76 (maggiore Siegfried Geisler), decollati da Villaorba e Aviano.

I velivoli del I. e II./KG.30 e del I. e II./KG.54, decollando da aeroporti del Piemonte e della Lombardia, dopo aver attraversato la Valle Padana e passando tra Ravenna e Rimini, dovevano riunirsi in Adriatico ai velivoli del I. e II./KG.76, di base in aeroporti del Friuli, per poi, mantenendo il silenzio radio, attaccare all'imbrunire arrivando a sorvolare il porto di Bari da oriente e a bassa quota. Erroneamente è stato sostenuto che, allo scopo di dare al nemico l'impressione di una delle solite azioni di disturbo effettuate da una numero limitatissimo di velivoli tedeschi provenienti dagli aeroporti dei Balcani e per scongiurare il pericolo di eventuali azioni di rappresaglia nelle più importanti basi dell'Italia settentrionale, una formazione di bombardieri era decollata dalla Jugoslavia, per poi riunirsi in Adriatico alla formazione principale.

In realtà quei velivoli erano gli Ju.88 del I. e II./KG.76 decollati dalle basi friulane di Villaorba e Aviano che, logicamente, dirigendo a sud attraversarono il mare con rotta diretta fino a congiungersi con gli altri quattro gruppi di bombardieri per poi raggiungere l'obiettivo[26].

Quel giorno 2 dicembre, secondo il Comandante del porto di Bari tenente colonnello Marcus Sieff, si trovavano un rada e alle banchine portuali 75 navi di ogni tipo, di cui almeno 30 piroscafi sotto scarico.

---

26 Glenn B. Infield, *Disastro a Bari*, Adda Editore, Bari, 1971, pp. 63-70.

▲ Dicembre 1943. Il cacciatorpediniere britannico *Quail* nel porto di Bari, dopo essere stato danneggiato per esplosione di una mina di uno sbarramento posato dal sommergibile tedesco *U-453*.

▼ Il sommergibile *U-453* al rientro da una missione di guerra.

▲ Una formazione di bombardieri Ju.88 del KG.76 in volo nel Mediterraneo nel 1943.

LA REALIZZAZIONE DEL DEVASTANTE ATTACCO SUL PORTO DI BARI

Come pianificato dal Comando del II Fliegerkorps, il ricongiungimento definitivo delle formazioni di Ju.88 avvenne in pieno Mare Adriatico, per poi virare ad ovest in direzione di Bari alla velocità di 320 km/h ad un altezza di 300 metri, portata durante l'avvicinamento a 45 metri dal capo formazione, in modo di arrivare, con rotta 270°, sull'obiettivo alle 19.30 ed attaccare secondo la tattica chiamata "Swedisah Turnip". Tattica che era stata messa in atto all'inizio della guerra da due piloti del 26° Stormo Bombardamento (KG.26), capitano Robert Kowalewski e maggiore Martin Harlinghausen, quest'ultimo ufficiale proveniente dalla Kriegsmarine, che sarebbe stato nel 1941 Capo di Stato Maggiore del X Fliergerkorps in Sicilia[27]. Con tale sistema d'attacco, i 105 bombardieri Ju.88 raggiunsero regolarmente l'obiettivo all'ora fissata, cogliendo di sorpresa il sistema di allarme degli Alleati, e questo sebbene nel pomeriggio fossero state viste ad alta quota le scie della condensazione di due velivoli da ricognizione tedeschi, il secondo dei quali accompagnato da due caccia Bf.109. Ciononostante, l'attacco tedesco fu per gli anglo-americani un autentico fulmine a ciel sereno. Essi, infatti, non si attendevano un'azione in forze della Luftwaffe, e a bassa quota in quel porto del basso Adriatico, in considerazione del fatto che la difesa che lo proteggeva era ritenuta più che sufficiente per sventare un qualsiasi tentativo nemico. Tanta era la sicurezza che lo stesso giorno dell'attacco, nel pomeriggio del 2 dicembre 1943, alcune ore prima che venisse clamorosamente smentita, il Comandante delle forze aeree d'appoggio dell'8ª Armata (Nortwest African Tactical Air Force), maresciallo dell'aria Arthur Coningham, in una conferenza aveva dichiarato arrogantemente, come era nel suo carattere, che i tedeschi avevano perso la guerra e che un attacco significativo della Luftwaffe in quella zona sarebbe stato da lui considerato un *"affronto personale*[28]*"*.

▲ Formazione di Ju.88 del II./KG.30

---

27 Ibidem.
28 Ibid, p. 49.

All'ora che ebbe inizio l'attacco aereo, il sole era tramontato da due ore, il cielo era sereno con un piccolo spicchio luminoso di luna, il mare era calmo. In quel momento parte dei militari Alleati in servizio a Bari, non impegnati nello scarico delle navi nel porto, si trovavano in franchigia nei cinema e teatri della città, oppure, quelli più elevati in grado, al circolo ufficiali. Al cinema Margherita gli statunitensi proiettavano il film *Springtime in the rockies* con gli attori Betty Grable e John Payne. Al cinema Porto Vecchio il film *Sergeant York* con Gary Cooper. I marinai italiani, invece, secondo testimonianze, erano tutti alla Capitaneria o sul posto di manovra delle ostruzioni retali, che si aprivano al passaggio di una nave, alla testata del molo foraneo di levante. Le banchine del porto di Bari erano bene illuminate, perché si svolgeva anche nell'oscurità lo scarico delle merci dalle navi da trasporto e dalle petroliere. Altre navi mercantili e le navi cisterna aspettavano il loro turno per andare alla banchina ed essere scaricate. Quando alle ore 19:25 suonarono le sirene dell'allarme aereo, gli aerei tedeschi in avvicinamento si trovavano 30 miglia a nord-est di Bari. Immediatamente le luci del porto e sulle navi si spensero, ma per alcune testimonianze qualcuna restò accesa per diversi minuti. I primi ad arrivare da nord furono i tre Ju.88 della 6./KG.54, che sganciarono le strisce di stagnola e razzi bianchi, mentre altri due Ju.88 lanciarono lanciarazzi rossi sulle navi e richiami verdi puntando sugli obiettivi da colpire. La maggior parte degli aerei dell'ondata d'attacco si avvicinò da sudest in formazioni successive, alcune sorvolando gli edifici della città. Fu calcolato che la prima ondata, probabilmente quella del KG.54, dovesse disporre di 25 – 30 velivoli.

▲ Cannone britannico Bofor da 40 mm in azione contraerea notturna.

Con gli schermi dei radar resi ciechi dalle migliaia di striscioline di stagno sparse nell'aria, non fu possibile dirigere sugli aerei attaccanti i quattro caccia notturni Beaufighter della RAF, uno del 416° Squadron, già in volo, e tre del 255° Squadron, decollati da Grottaglie ad attacco iniziato. Soltanto un Beaufighter del 255° Squadron riuscì ad avvistare uno Ju.88 a 3.000 metri di quota vicino a Bari, che fu scambiato per un Do.217, e lo inseguì senza successo per 50 miglia. In tali condizioni favorevoli i bombardieri tedeschi, che nell'avvicinarsi avevano constatato da grande distanza che il porto era chiaramente illuminato, furono contrastati dalla sola difesa contraerea britannica e italiana, ma anche di quella di tutte le navi in porto, che disponevano di centinaia di armi tra cannoni e mitragliere. Non appena, infatti, si preannunciò alla luce dei razzi illuminanti l'attacco tedesco, le batterie contraeree a terra (che da parte di alcuni storici britannico furono ritenute insufficienti) aprirono il fuoco e ben presto il cielo fu solcato e coperto da un fitto reticolo di proiettili traccianti diretti in tutte le direzioni in un frastuono tale da coprire il rombo dei motori degli aerei tedeschi. In questo tiro di sbarramento e quando possibile a puntamento diretto, con le batterie costiere che vedendo gli Ju.,88 volare basso avevano abbassato il tiro, alcune navi furono colpite dal fuoco amico; come accadde in particolare alla Liberty statunitense *Samuel J. Tilden* che, come vedremo, riportò diversi danni. Nel corso dell'attacco, come diremo, furono abbattuti dalla contraerea soltanto due Ju.88.

Da parte loro gli Ju.88, alla luce dei bengala che illuminavano a giorno gli obiettivi navali, prolungando l'azione per venti minuti, sganciarono i loro carichi esplosivi, tra cui speciali bombe plananti a mezzo di paracadute e le motobombe a percorso circolare LT. 350. Le prime bombe caddero lontane dal porto in città demolendo molti edifici in via Sparano, via Criosanzio, via Abate Gimma e via Piccinini, causando la morte di circa 200 persone tra la popolazione civile e i soldati, soprattutto vicino all'Hotel Corona. Poi i piloti tedeschi aggiustarono il tiro sulle navi da trasporto allineate lungo il molo di levante, colpendole con direttrice d'attacco da sud a nord. Furono colpite in rapida successione le Liberty statunitensi *Joseph Wheeler* (che subito s'incendiò), seguita dalla *John L. Motley* e *Samuel J. Tilden*, e in un secondo tempo un piccolo incendio fu visto accendersi sulla *John Harvey*, ultima nave attraccata al molo di ormeggio n. 29 del molo foraneo di levante, ma che ben presto, intorno alle 20, fu vista letteralmente ardere. Le bombe non risparmiarono le navi da carico italiane *Frosinone* e *Cassala* e i rimorchiatori *Porto Pisano* e *Pantelleria*, la petroliera britannica *Devon Coast* e i piroscafi, sempre britannici, *Testbanc* e *Fort Lajoie*, i piroscafo norvegese *Bollsta*, *Vest* e *Lom*, i piroscafi polacchi *Puck* e *Lwów*, il piroscafo danese *Lars Kruse* e altre unità. Molte bombe colpirono in pieno le navi prese di mira dai piloti degli Ju.88, altre causarono danni cadendo in acqua vicino agli scafi. Altre bombe squarciarono i condotti del carburante nel porto. Una grande quantità di carburante sparsasi dovunque sulla superficie del mare s'incendiò e le fiamme di benzina e nafta investirono molti altri piroscafi ormeggiati nelle vicinanze, trasformandoli in pericolose trappole incandescenti per gli equipaggi in disperata ricerca di salvezza. La Liberty *John Bascom* (capitano Otto Heitmann), che proveniente da Augusta era arrivata a Bari il 1° dicembre trasportando 8.500 tonnellate di armi e carico vario comprendente benzina per auto in bidoni da 50 galloni e acidi, essendo ormeggiata di poppa al molo era stata colpita alle 19.45 da quattro bombe: "*una a proravia del boccaporto n. 4, un'altra si infilò sulla nave attraverso il ponte di comando e la cabina della radio, un'altra ancora colpì il boccaporto n. 3 e, infine, l'ultima bomba cadde a prua tra i primi due boccaporto*[29]". In definitiva le bombe erano penetrate esplodendo nelle stive n. 1, 3 e 5, e la nave era in fiamme.

---

[29] Glenn B. Infield, *Disastro a Bari*, cit., p. 78.

Poi la danneggiata Liberty statunitense *John L. Motley*, carica di 5.231 tonnellate di bombe e di benzina per gli aerei della 15a Air Force, che era stata colpita alle 19.40 da una bomba nella stiva n. 5 ed era in fiamme, ruppe gli ormeggi e venne spinta dalla corrente verso la punta del molo contro il quale urtò violentemente alle 19:45 esplodendo in modo talmente devastante che l'intero porto di Bari fu avvolto da una micidiale gigantesca ondata d'urto. Ne conseguì, oltre alla morte dei sessantaquattro uomini dell'equipaggio della *John L. Motley*, l'affondamento del piroscafo italiano *Frosinone* (ex francese *Congo* ex *Saint-Michel*[30]).

Inoltre, le schegge danneggiano la petroliera militare statunitense *Aroostook* (tenente di vascello Hays William Robert), che aveva un carico di 19.000 barili di benzina avio a 100 ottani, ma che fortunatamente non prese fuoco né vi furono perdite tra l'equipaggio.

▲ Altro particolare dell'esplosione della *John L. Motley*.

[30] La perdita del piroscafo *Frosinone* nel bombardamento di Bari porta ad alcune considerazioni, in quanto era già stato affondato dai tedeschi, entrati nel porto con un rapido colpo di mano, con colpi di cannone e sistemazione di cariche esplosive il pomeriggio del 9 settembre. Occorrerebbe sapere se effettivamente era stato risollevato dal fondale o rimasto al suo posto semiaffondato e senza carico come sostengono le fonti britanniche. Lo stesso dicasi per la motonave da pesca *Genepesca Seconda*, e il piroscafo *Volodda*, la prima affondata e la seconda danneggiata dai tedeschi lo stesso giorno 9 settembre e con il medesimo sistema. Le due navi sono erroneamente riportate affondate a Bari, nel bombardamento del 2 dicembre 1943, nel sito WIKIPEDIA e in altri siti di INTERNET e, tranne il *Frosinone*, da accertare se era a galla, la *Genepesca Seconda* e *Volodda* vanno pertanto cancellate, assieme ad alcune navi di differente nazionalità. L'elenco esatto delle perdite (navi affondate e danneggiate) si trova fin dal 1980 nel mio libro *La partecipazione tedesca alla guerra aeronavale nel Mediterraneo (1940-1945)*, pp. 536-537, nota 8. Fu ricavato da pubblicazioni allora Riservate dell'Ammiragliato britannico, consegnate all'Ufficio Storico della Marina Militare negli anni '50, e che comprendono successivi aggiornamenti.

▲ Profilo di una nave da trasporto del tipo Liberty.

▼ L'accecante luce che squarciò la notte nel porto di Bari al momento dell'esplosione della *John L. Motley*.

Non furono altrettanto fortunate altre navi Liberty. La gravemente danneggiata *John Bascom*, trovandosi ormeggiata tra la *John L. Motley* e *Joseph Wheeler*, vide demolirsi nell'esplosione della *John L. Motley* la fiancata sinistra, e tanto fu l'impatto della forza d'urto che la nave minacciò di rovesciarsi. Fortunatamente il comandante Heitmann, dopo un tentativo di far spengere gli incendi dal suo equipaggio con manichette ed estintori, temendo che le munizioni del carico potessero esplodere, alle 20:45 aveva ordinato l'evacuazione; e pertanto l'affondamento del *John Bascom* avvenne alle 21:30, quando gli uomini avevano abbandonato la nave con una imbarcazione rimasta illesa, stracolma di persone. Altri uomini furono raccolti in mare dalla piccola unità britannica *HSL-2582*. Decedettero quattro uomini, due dell'equipaggio, una guardia armata e un militare dell'Esercito[31]. Il relitto della *John Bascom* fu venduto nel 1948 a demolitori di Genova.

Nell'enorme esplosione della *John L. Motley* fu incendiata l'altra Liberty statunitense *Lyman Abbott* (capitano Carl Peter Richard Dahlstrom), che trasportava bombe e munizioni imbarcate a Hampton Roads, e sul quale vi furono due morti[32]. I danni erano molto gravi, e il piroscafo fu inizialmente abbandonato dall'equipaggio. Il cacciatorpediniere di scorta britannico *Zetland*, che pure era rimasto gravemente danneggiato da schegge e detriti delle esplosioni del carico delle munizioni del *John Motley* e del *John Harvey* esplose a poca distanza, si avvicinò alla *Lyman Abbott* con il timone danneggiato dalla concussione di una bomba esplosa vicino allo scafo.

▲ Nel grande chiarore determinato dall'esplosione della *John L. Motley* le navi in porto sono chiaramente visibili. Le foto dell'esplosione della Liberty furono scattate dal fotografo di guerra George Rodger.

---

31 Barbara Brooks Tomblin, *With Utmost Spirit. Allied Naval Operations in the Mediterranean, 1942-1945*, The University Press of Kentucky, 2004., p. 311.

32 Il piroscafo *John L Motley*, partito da Hampton Road il 4 novembre con il grande convoglio UGS.23, dopo tre settimane di navigazione era arrivato ad Augusta, da dove poi raggiunse Bari con il convoglio AH-10A il mattino del 1° dicembre.

▲ La petroliera militare statunitense *Aroostock* nell'aprile 1943 a Chesapeake Bay o Hampton Roads, prima di trasferirsi nel Mediterraneo. Riportò gravi danni nel bombardamento di Bari.

▼ Il *Frosinone*, terzo dei tre piroscafi affondati nell'attacco aereo tedesco a Bari.

Il comandante dello *Zetland*, tenente di vascello John Valentine Wilkinson, constatato che a bordo non vi era nessuno, mandò sul piroscafo una squadra di uomini per spengere gli incendi; operazione che si concluse positivamente senza che alcun membro dell'equipaggio della *Lyman Abbott* fosse tornato sulla sua nave. Ciononostante la *Lyman Abbott* era in condizioni di navigare, e con un equipaggio di soli 10 uomini poté salpare il giorno successivo per Augusta per effettuare in quel porto della Sicilia le riparazioni, per poi tornare a Bari e scaricare il carico prima del Natale del 1943.

Il piroscafo norvegese *Norlom* era ormeggiato vicino ai piroscafi *Lom* e *Bollista* e al cacciatorpediniere di scorta britannico *Zetlands*. Quando fu investito dalle fiamme dell'esplosione della Liberty *John L. Motley*, che dette il via all'effetto domino degli eventi, con una nave dopo l'altra che prendeva fuoco, il *Norlom* (capitano Jacob Ø. Samuelsen), un piroscafo del 1919, non aveva ancora scaricato il carbone che trasportava nelle stive. Aveva un equipaggio di trentadue uomini e sei cannonieri britannici assegnati alle mitragliere di bordo. Di essi, decedettero subito tre membri dell'equipaggio e l'artigliere britannico Robert Anderson, mentre morì più tardi in ospedale il comandante del *Norlom*, che con altri uomini del suo equipaggio, nell'allontanarsi con le scialuppe di salvataggio dalla sua nave trasformata in una torcia, aveva ricevuto i primi sintomi del gas mostarda con un grande bruciore agli occhi. E lo stesso accadde al primo ufficiale, Einar Hansen, deceduto il 14 dicembre per le ferite riportate nell'attacco. Un sesto membro dell'equipaggio morì dopo la guerra per gli effetti del gas mostarda. Vi furono trentasette superstiti. Fu ritenuto che il *Norlom* potesse essere recuperato, e ciò avvenne nel novembre 1946. Ma poi il piroscafo fu demolito a Bari nel 1947.

▲ La Liberty statunitense *Lyman Abbott* che nell'esplosione del carico di munizioni della gemella *John L. Motley* riportò gravissimi danni.

▲ Il cacciatorpediniere di scorta britannico *Zetland*, che fu danneggiato gravemente la notte del 2 dicembre nel porto di Bari. Venne riparato a Taranto.

Infine, l'esplosione della *John L. Motley* procurò gravi danni alle installazioni portuali e ad edifici della città. Nella circostanza andarono in frantumi i vetri delle finestre delle case distanti da Bari 25 chilometri, compresi quelli della sede di Comando del generale Harold Alexander, Comandante del 15° Gruppo di Armate, che si trovava a 12 chilometri dall'esplosione. Vediamo ora quali altre navi furono colpite e danneggiate per colpi diretti o esplosioni in prossimità dello scafo.

Il piroscafo Liberty statunitense *Grace Abbott* (capitano Dalstrom), che salpato da Baltimora (Maryland) e dopo aver fatto scalo ad Augusta aveva raggiunto Bari il 21 novembre con il convoglio AN-9A di ventitré navi mercantili, fu colpito da una bomba sul ponte a prora, che penetrò nella stiva n.1 ma fortunatamente senza esplodere. Tuttavia, per le esplosioni delle bombe cadute in prossimità dello scafo, la *Grace Abbott* riportò danni per le schegge che la colpirono. Fortunatamente, tra i sessantanove uomini che aveva a bordo (un equipaggio di 41 marinai, compresi 8 ufficiali, e 28 guardie armate), soltanto un ufficiale fu ferito.

La Liberty statunitense *John M. Schofield*, imbarcato il carico a New York, era salpata il 15 ottobre da Hampton Roads con il convoglio UGS.21, che comprendeva anche la pericolosissima *John Harvey*. Superato l'Atlantico ed entrata nel Mediterraneo attraverso lo Stretto di Gibilterra aveva proseguito per Augusta, per poi ripartire per Bari il 26 novembre con il convoglio HA.10. La *John M. Schofield* era arrivata a Bari il giorno 28. Durante l'attacco aereo una bomba cadde vicina al suo fianco destro ed esplose a prora tra la stiva n.1 della nave e la banchina.

Vi fu per il piroscafo una grossa concussione che lo mandò a sbattere contro il molo, mentre le schegge lo colpirono. Tra di esse un grosso frammento di metallo lungo circa un metro gli perforò lo scafo, ma senza procurargli gravi danni. La Liberty aveva a bordo quarantaquattro uomini d'equipaggio, compresi otto ufficiali, ventotto guardie armate e un non conosciuto numero di soldati scaricatori britannici dell'Esercito che vi si trovavano per sbarcare il carico, e tutti rimasero illesi. La *John Schofield* poté quindi partire da Bari per un altro porto, dove effettuò le riparazioni che la misero in condizione di rientrare entro breve tempo in servizio.

▲ Il piroscafo norvegese *Norlom* (capitano Anton Jaastad), ex *Empire Dunlin*, una delle navi colpite dagli aerei tedeschi e affondate a Bari.

▼Un'altra immagine del piroscafo norvegese *Norlom*, questa volta ripreso di profilo.

La motocisterna italiana *Cassala*, ex *Twingone*, requisita dalla Regia Marina nel maggio 1941, che con nessun carico nelle stive si trovava ormeggiata al centro del bacino, (perché non vi era posto per un attracco in banchina, è stato scritto), investita dalle fiamme e detriti della *John L. Motley*, s'incendiò e, sospinta dal vento in una cortina di fumo nero, andò ad investire un'altra nave. I danni alla *Cassala* furono talmente estesi che restò immobilizzata e considerata irreparabile, ossia total loss. Riportata a galla nel dopoguerra, ma in condizioni da non essere recuperata, fu demolita nel settembre 1952. Secondo un'altra fonte venne demolita a Bari nel 1953. Inoltre, l'esplosione della *John L. Motley* procurò gravi danni alle installazioni portuali e ad edifici della città, mentre la rottura dell'oleodotto al molo di ponente, con fuoriuscita di nafta e benzina avio che si incendiarono, andò a creare alla superficie del mare un nuovo sbarramento di fuoco che, alimentato anche dal legname dei paglioli ferma carico che le navi gettavano in mare dopo le normali operazioni di scarico, contribuì non poco a rendere più difficile l'opera di salvataggio.

Il piroscafo norvegese *Lom* (capitano Karl Nepstad) era arrivato a Bari, da Philippeville, il 25 novembre 1943 con un carico di 906 tonnellate di materiali bellici e carburante per aviazione. Quando ebbe inizio l'attacco aereo anche i cannonieri del *Lom* presero parte alla difesa contro gli attacchi degli Ju 88, ma poco dopo la nave fu colpita da una bomba esplosa a prora nella stiva n. 1 che immediatamente prese fuoco. Diverse altre bombe caddero molto vicino al *Lom*, le cui imbarcazioni di salvataggio furono distrutte. Poco tempo dopo il fuoco raggiunse il ponte, e il ponte delle barche dove si trovavano munizioni che iniziarono a esplodere. La maggior parte degli uomini dell'equipaggio e dei cannonieri, con la nave che stava affondando, si salvò saltando fuori bordo e nuotando verso le banchine, e molti di essi, essendo feriti, dovettero essere ricoverati in ospedale. Vi erano a bordo del *Lom* trentadue uomini, quattro dei quali decedettero, compreso il cannoniere britannico Tommy Moores.

▲ Mattino del 3 dicembre 1943. Navi in fiamme nel porto di Bari.

▲ La petroliera italiana *Cassala*, entrata in servizio nel 1902, quando si chiamava *Twingone* prima di essere acquistata nel 1940 dall'Azienda Generale Italiana Petroli, Genoa. Affondata a Bari, poi recuperata, fu demolita nel settembre 1942.

▼ La petroliera italiana Cassala fortemente sbandata, abbandonata e in fiamme in mezzo al porto di Bari. Dal National Maritime Museum di Greenwich, tramite Giorgio Spazzapan..

L'incendio del piroscafo *Lom* causò anche la perdita della petroliera britannica *Devon Coast*, che, trasportando carburanti, si trovava ormeggiata di poppa al molo di levante. All'inizio dell'attacco tedesco era stata colpita da una bomba penetrata ed esplosa nella stiva n. 2. Gli era accanto il piroscafo norvegese, che era ormeggiato sul fianco della *Devon Castle*, e che prese fuoco violentemente dopo che era stato colpito dalla bomba. E poiché i suoi ormeggi si spezzarono, il *Lom* aveva cominciato ad avvicinarsi alla *Devon Castle*, con le fiamme spinte dal vento che ne investirono la prua. Trascorsero pochi minuti per trasformare la petroliera in una fornace ardente, costringendo tutti i ventitré uomini dell'equipaggio (17 marinai e 6 cannonieri) ad abbandonare la *Devon Castle* prima che esplodesse, utilizzando le zattere che non erano state ancora distrutte dall'incendio o gettandosi in mare nuotando.

In una scena da "inferno di Dante", essendo in preda agli incendi altre due Liberty statunitensi, la *Joseph Wheeler*, che aveva il fianco squarciato da una bomba che la colpì alle 19:30, e che perse quarantuno uomini dell'equipaggio, e la *John Harvey*, anch'essa colpita, esplosero a breve intervallo l'una dall'altra prima di mezzanotte. Sebbene le esplosioni delle due navi non fossero state violente rispetto a quella della *John Motley*, la forza d'urto contribuì ad aumentare le distruzioni nel porto in maniera impressionante, ed inoltre si abbatté su tutti quei cittadini di Bari che era fuggiti in riva al mare per sfuggire alle distruzioni delle bombe, ritenendolo il posto più sicuro, dove invece in molti trovarono la morte.

L'esplosione della *John Harvey* si verificò con[33]:

Dapprima con un sibilo lacerante provocato dal risucchio dell'aria circostante, poi un silenzio di una frazione di secondo e subito dopo un'esplosione di estrema violenza che scosse l'intera zona. Lo schianto iniziale dell'esplosione mise a dura prova i timpani e fece vibrare le più intime fibre di ogni persona presente nella zona, compresi quelli che non furono atterrati o spazzati via e che si mantennero in equilibrio con estrema difficoltà.

▲ Il piroscafo norvegese *Lom*, di 1.268 tsl, affondato a Bari, era stato costruito ed entrato in servizio nel 1920.

---

33 Glenn B. Infield, *Disastro a Bari*, cit., pp. 95-96.

I rottami incandescenti del *John Harvey* (capitano Elwin F. Knowles) investirono la Liberty *Lyman Abbott* (capitano Carl Peter Richard Dahlstrom), anch'essa statunitense che, oltre al carico normale costituito da viveri e attrezzature, trasportava un pericolosissimo carico di bombe e munizioni per la 15a Air Force. La *Lyman Abbott* venne incendiata. I danni erano molto gravi, e il piroscafo fu inizialmente abbandonato dall'equipaggio, tra il quale vi erano stati due morti.

Contemporaneamente, l'esplosione del *John Harvey* investì il piroscafo britannico *Testbank* che, trovandosi ormeggiato di poppa alla banchina n. 18 del molo di levante in attesa di partire con un convoglio, fu letteralmente fatto a pezzi e scomparve dalla superficie del mare con sessanta dei sessantacinque uomini dell'equipaggio. Anche il piroscafo *Fort Lajoie*, nave moderna statunitense in gestione al Ministero di Trasporti di Guerra, era ormeggiato in attesa di partire con il convoglio, e quando la *John Harvey* esplose il suo equipaggio stava cercando di spengere un incendio causato da un razzo luminoso tedesco da segnalazione che aveva colpito il castello, dove si trovava la piazzola di una mitragliatrice Oerlikon da 20 mm, forando il ponte e comunicando il fuoco al sottostante alloggio dei cannonieri della nave. A questo danno se ne aggiunsero altri molto più gravi, poiché i rottami incandescenti del *John Harvey* di varie dimensioni, colpendo la *Fort Lajoie* a ritmo tamburreggiante, procurando numerosi piccoli incendi tra il materiale della stiva n. 4, nella parte prodiera del ponte, dove si trovava un carico di rifiuti, e alla parte inferiore del ponte di comando. Tutti i boccaporti di prora e di poppa furono asportati dall'onda d'urto, i relativi teloni ridotti a brandelli e le scialuppe di salvataggio rese inutilizzabili. Un'incudine da 100 libre (45 chili) proveniente da un'altra nave fece una grossa bugna sul ponte. Proiettili carichi da 2 libbre (40 mm) furono trovati nelle coperture delle caldaie, ma dato che non erano esplosi, nessun danno venne fatto alle caldaie. Vi furono altri danni minori, ma nonostante i tanti colpi incassati dalla loro nave gli uomini dell'equipaggio del *Fort Lajoie*, rimasti a bordo, riuscirono a spengere gli incendi e curare i feriti in attesa di portarli a terra, da dove poi avviarli con il mezzo più rapido agli ospedali. Complessivamente le perdite umane furono di un morto e otto feriti.

▲ Il piroscafo britannico *Testbank* che per l'esplosione della Liberty statunitense *John L. Motley* affondò con 60 dei 65 uomini dell'equipaggio.

▲ La petroliera britannico *Devon Coast* anch'essa affondata per l'esplosione della *John L. Motley*.

▼ L'incendio delle navi da carico. A destra una mitragliera contraerea da 40 mm Bofor. La cortina di fumo delle navi in fiamme è impressionante.

L'esplosione alle 20:30 della *Joseph Wheeler*, che aveva un carico di 8.037 tonnellate, e in cui morirono 26 uomini dell'equipaggio e 15 guardie armate (altre 12 con l'ufficiale comandante si salvarono, trovandosi in città per un turno di riposo), investì il modernissimo piroscafo britannico *Fort Athabasca*, in affitto al Governo britannico, che era ormeggiato vicino alla Liberty statunitense.

Il *Fort Athabaskan* (capitano Walter Edward) era arrivato a Bari da Algeri trasportando un carico che includeva forniture mediche, petrolio e munizioni. Al momento dell'attacco aereo, tenendosi pronto a salpare per il Nord Africa, stava imbarcando alla banchina 76 tonnellate di carico vario, 238 sacchi di posta ordinaria destinata ad Algeri, e due bombe plananti catturate ai tedeschi che gli Alleati dovevano studiare. Inizialmente fu colpito da due bombe che esplosero all'interno dopo aver attraversato i ponti della nave, e fu poi investito, per l'esplosione della *Joseph Wheeler*, da una pioggia di rottami ardenti che lo trasformarono in un relitto incandescente. Il *Fort Athabaskan*, anche per l'esplosione delle due bombe plananti tedesche raggiunte dalle fiamme, apparve condannato. Allora fu dato l'ordine di abbandonare la nave, che affondò rapidamente. I morti del piroscafo furono 46 su un totale di 59. Secondo un'altra fonte, invece, i morti sarebbero stati 39 uomini dell'equipaggio e 3 cannonieri[34]. Il *Fort Athabaskan*, di 7.130 tsl, del tipo navi "Fort" North Sands, era stato completato il 15 maggio 1943 nei cantieri canadesi Burrard Dry Dock Co., North Vancouver.

La Liberty statunitense *Samuel J. Tilden* (capitano Joseph Lumpkin Blair), era arrivata da Biserta, scortata dal trawler dragamine britannico *Mullet* con a bordo 41 uomini d'equipaggio, 28 della guardia armata e 209 passeggeri dell'Esercito, e con un carico di 1.711 tonnellate che includeva 27.275 litri di benzina, 10 tonnellate di munizioni, automezzi, trattori da rimorchio, autoambulanze del 26° Ospedale Generale statunitense, materiale ospedaliero e 22 medici. La nave, che si trovava in rada in attesa di poter attraccare alla banchina di scarico, alle 19:10 fu colpita da una bomba, penetrata ed esplosa nella sala macchine, e da una bomba incendiaria sul ponte, e fu anche mitragliata dieci minuti dopo da uno Ju.88 che si era avvicinato volando molto basso. Preda di un grosso incendio, colpita dal fuoco contraereo da 40 mm Bofor delle batterie britanniche dislocate sul molo che uccisero e ferirono diversi uomini, costringendo gli altri a trovare scampo sottocoperta, e illuminata per sette minuti da una fotoelettrica, forse per dimenticanza dei serventi, la *Samuel J. Tilden*, sbarcate le truppe, fu poi, per ordine del comandante Blair, abbandonata dall'equipaggio e dalla guardia armata che, rimasti a bordo, inutilmente avevano combattuto le fiamme fino al momento in cui esse erano ormai senza controllo. Andando alla deriva, la *Samuel J. Tilden* fu trascinata dalle motosiluranti britanniche *MTB-270* e *MTB-297* al largo del porto per evitare che appiccasse il fuoco ad altri navi; e qui fu colpita alle 01:10 del 13 dicembre da due siluri lanciati dalla *MTB-297* del tenente di vascello John Robinson Woods, di cui parleremo in seguito, e affondò in un zona dal fondale di 70 metri. Con la *Samuel J. Tilden* si persero 27 uomini: 10 dell'equipaggio e 17 soldati, di cui 14 statunitensi e 3 britannici. I superstiti della nave furono 251, di cui 56 salvatisi con le scialuppe della nave, 80 con le zattere Carley e 115 con galleggianti. All'opera di salvataggio avevano partecipato anche le motolance britanniche *ML-240* e *ML-1273*, che si trovavano in missione fuori dal porto di Bari, e il trawler *Mullet* (sottotenente di vascello James Murray) che da parte sua raccolse in mare 70 naufraghi[35].

---

34 Robert C. Fisher, *Canadian Merchant Ship Losses of the Second World War, 1939-1945*, in Internet.
35 George Southern, *Poisonous Inferno*, Airlife, UK, 2002, p. 41.

▲ Il trawler britannico *Mullet*.

Il relitto della *Samuel J. Tilden* giace alla quota di 36 metri ed è stato visitato da numerosi sub. Non fu quindi venduto nel 1948 a demolitori genovesi, come spesso è stato riportato[36].

Due bombe caddero a 100 metri da un'altra Liberty statunitense, la *Louis Hennepin*, che non riportò danni strutturali, ma due guardie armate furono ferite. L'ufficiale comandante delle guardie armate riferì che le luci lungo il molo in cui la nave si trovava erano rimaste accese per tredici minuti dopo l'arrivo della prima bomba, e dichiarò che le strutture portuali erano inadeguate e che c'era una mancanza di coordinamento. La *Louis Hennepin*, durante l'attacco aereo, contribuì alla difesa contraerea sparando circa 6.000 proiettili di mitragliera Oerlikon da 20 mm.

Il piroscafo *Lwów*, la seconda nave polacca affondata nell'attacco aereo tedesco, si trovava ancorato a metà del porto a circa 300 metri di fronte e alla fine del Molo Vecchio e a doppia distanza dalla fine del Molo Pizzoli. Colpito in pieno da due bombe, a breve distanza di tempo l'una dall'altra, la prima caduta tra la stiva n. 1 e la n. 2 e la seconda a centro nave, ma entrambe con effetti devastanti, il *Lwów* prese rapidamente fuoco che si estese lungo il ponte e dovette essere abbandonato dall'equipaggio, per poi affondare.

Il fuoco degli incendi delle navi divampava anche sul piroscafo polacco *Puck* che, con a bordo 770 tonnellate di carico, era stato colpito da due bombe[37].

Uno degli ufficiali polacchi decedette assieme ad un certo numero di soldati britannici cannonieri dell'armamento contraereo. Dopo la guerra (probabilmente nel 1946) il *Puck* fu risollevata dal fondale di Bari dagli italiani, che la ripararono per poi impiegarla sotto vari nomi (tra cui *Torres* e *Campidano*) fino al 1964, quando il piroscafo fu messo in demolizione.

---

36 Per saperne di più sulle Liberty che si trovavano a Bari vedi: L.A. Sawyer e W.H. Mitchell, *The Liberty Ships*, second edition, Lloyd's of London Press, 1985: e dal database di Frank A. Gerrhardt, *Shipbuilding under the US Maritime Commission 1936 thru 1950*.
37 Ibid, p. 312.

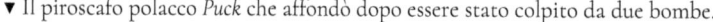
▲ Il piroscafo *Lwów* affondato nell'attacco aereo tedesco dopo essere stato colpito in pieno da due bombe.

▼ Il piroscafo polacco *Puck* che affondò dopo essere stato colpito da due bombe.

La motonave italiana *Barletta*, già incrociatore ausiliario, partita da Augusta il 19 novembre con il convoglio AH-9A era arrivata a Bari il giorno 21. Trovandosi completamente vuota di carico e all'ancora vicino al vecchio molo foraneo di Bari, proprio a poppa della Liberty *John Harvey*, fu dapprima attaccata da un aereo che lanciò una salva di bombe a proravia della nave, provocando un incendio vicino al deposito munizioni. In un secondo attacco, alle 19:45, il Barletta fu centrato da un'altra salva di bombe in particolare sul fianco rivolto verso il mare. L'equipaggio, sotto la guida del direttore di macchina, tentò con manichette e estintori di domare le fiamme, ma alle 21:15 il *Barletta* fu investito dai rottami di una nave da carico che ormeggiate nelle vicinanze era esplosa; e ciò provocò un aggravamento della situazione che ebbe per conseguenza dapprima l'esplosione del deposito delle riservette e successivamente del deposito munizioni che era incendiato. Verso le 09:00 del mattino del 3 dicembre la nave si abbatte su un fianco affondando. Sarà recuperata dopo la guerra, nell'ottobre 1942, per rientrare in servizio come nave passeggeri fino al 1962, per poi essere smantellata l'anno seguente. Tra l'equipaggio del *Barletta* si ebbero 40 morti e 44 feriti, quasi tutti militari, e di essi 21 contaminati dal gas morirono tra atroci dolori.

Sul piroscafo norvegese *Bollsta* (capitano Thomas Christiansen), che era arrivata a Bari il 1 dicembre, al momento dell'allarme aereo gli uomini dell'equipaggio si erano portati alle armi di bordo, e sparavano contro i velivoli tedeschi. Dopo l'esplosione della *John Harvey*, il *Bollsta* fu colpito in successione da due bombe, la prima delle quali esplose sulla linea di galleggiamento a metà dello scafo, provocando un grande squarcio sul fianco destro, mentre allo stesso tempo esplodeva un deposito di munizioni.

▲Formazione di bombardieri Ju.88 in volo.

▲ La motonave *Barletta*, della Società Adriatica, durante il servizio civile, in navigazione nelle acque del Pireo.

▼ L'incrociatore ausiliario Barletta mimetizzato durante la guerra. Affondò a Bari con 44 uomini dell'equipaggio, di cui 21 contaminati dal gas letale iprite morirono tra atroci dolori.

Poco dopo il *Bollsta* fu colpito dalla seconda bomba che andò ad esplodere dentro la stiva prodiera n. 1, facendo saltare sul ponte tutti i boccaporti di prua e provocando la fuoriuscita in aria di parte del carico di 1.427 tonnellate di merci varie, comprendente anche provviste. Con il ponte crollato parzialmente, la nave iniziò ad affondare di prua mentre l'acqua del mare entrava all'interno così violentemente da sfasciare sul ponte le scialuppe di salvataggio. Il comandante, capitano Christiansen, che era ferito, fu raccolto con altri uomini dell'equipaggio da una nave britannica. Fu poi portato in un ospedale di Bari insieme ad altri uomini del suo equipaggio, alcuni dei quali, i più gravi, decedettero successivamente. In totale i morti del *Bollsta* furono cinque e i superstiti venticinque. Il piroscafo fu riportato a galla da una compagnia di recupero italiana e, riparato, nel 1948 rientrò in servizio con il nome di *Stefano M*, poi *Sabino* e infine *Coraggioso*. Fu smantellato in Italia nel 1969. Anche il relitto della *John Harvey* fu venduto nel 1948 a demolitori genovesi.

Il piroscafo norvegese *Vest* (capitano Thorolf Gundersen), partito da Cardiff con il convoglio KMS.29, dopo aver fatto scalo ad Augusta e Brindisi, era arrivato a Bari con 6.180 tonnellate di carbone che iniziò a scaricare nella nave di deposito Frisconini il 26 novembre. Avrebbe dovuto scaricare la metà del carbone e poi tornare a Brindisi con il resto. Quando il 2 dicembre iniziò l'attacco aereo tedesco il *Vest* prese parte alla difesa sparando dal ponte con le sue quattro mitragliere da 20 mm Oerlikon. Ma dopo circa 15 minuti la nave fu colpita sul ponte da una bomba che, penetrando ed esplodendo in una stiva piena di carbone, causò l'abbattimento del fumaiolo e dei picchi di carico n.1 e n. 5, mentre lo scafo fu perforato in tre punti sopra la linea di galleggiamento. Tra i 44 uomini dell'equipaggio vi furono 15 feriti, compreso il comandante Gundersen, i quali furono portati a terra da un'imbarcazione di salvataggio portuale a motore, per essere subito condotti in macchina in un ospedale.

Nel frattempo la Liberty *John Harvey*, allontanandosi alla deriva dal molo 29, esplose trasformando l'intero porto in un inferno, il *Vest* investito dalle fiamme prese fuoco a poppa in entrambi i lati del ponte. L'equipaggio rimasto a bordo si allontanò con un imbarcazione di salvataggio, mentre il fuoco si diffondeva rapidamente in altre zone della nave. Quando l'indomani le fiamme si estinsero il *Vest* appariva seriamente danneggiato, con parti della nave, incluse diverse cabine, completamente bruciate. Tuttavia tutti gli uomini dell'equipaggio si salvarono, mentre non si ebbero perdite nel carico di carbone della nave che si trovava ancora a bordo, per poi essere trasportato in gran parte a Brindisi[38].

Anche la petroliera norvegese *Salamis* si trovava a Bari in quella orrenda notte del 2 dicembre 1943. Ma fu anche una delle poche navi fortunate avendo ricevuto soltanto danni minori, poi riparati a Suez, dove il cuoco di bordo fu ricoverato in ospedale per le sue ferite.

---

38 War Diaries e C. in C. Med (ADM199 / 642).

▲ Una petroliera in fiamme nel porto di Bari il mattino seguente all'attacco notturno tedesco, con un mezzo antincendio a prua impegnato a gettare acqua con le sue pompe.

▼ Un grosso piroscafo in fiamme, con altissima colonna di fumo, ripreso da una aereo nel porto di Bari.

▲ Vista panoramica delle navi in fiamme lungo il molo di ponente, in un'enorme cortina di fumo nero.

▼ La motolancia britannica *ML-460* nell'inferno di Bari alla ricerca di sopravvissuti e persone in acqua in difficoltà.

▲ Altra drammatica scena di due navi incendiate entrate in collisione.

▼ Il piroscafo *Fort Langley*, delle stesso tipo del *Fort Athabaskan*. Le navi del tipo "Fort", di 7.130 tsl, che erano l'equivalente delle Liberty statunitensi, durante la guerra canadese venivano costruite in Canada.

▲ Il piroscafo norvegese Bollsta, un altra delle navi da trasporto affondate a Bari, ripresa il 7 ottobre 1924. Per gentile concessione di Giorgio Spazzapan.

▼ La petroliera norvegese Salamis.

▲ ▼ Sopra, piroscafi in fiamme. Sotto, mezzo antincendio tenta di spegnere le fiamme scoppiate a prua di un piroscafo.

▲ ▼ Il denso fumo nero dei piroscafi in fiamme rende la situazione fortemente drammatica, mentre (sotto) tre ufficiali britannici osservano la scena.

▲ La nave deposito britannica *Vienna* (al centro) ad Algeri nel maggio 1943. Sono in porto la portaerei *Formidable* sullo sfondo, l'incrociatore *Dido* a sinistra, la nave deposito sommergibili *Maidstone* a destra, l'incrociatore contraereo *Carlisle* di fronte alla *Vienna*, e il cacciatorpediniere *Ashanti* a destra della *Vienna*.

▼ La nave deposito britannica *Vienna* ripresa da un aereo in navigazione.

IL DANNEGGIAMENTO DELLA NAVE DEPOSITO MOTOSILURANTI BRITANNICA "VIENNA"

La nave deposito britannica *Vienna*, che esercitava il suo servizio per le motosiluranti operanti in Adriatico, era comandata del capitano di corvetta Morgan-Giles, che aveva il suo comando a Bari. Tra queste motosiluranti, molte furono danneggiate dall'attacco aereo tedesco e i loro equipaggi fortemente ustionati, in particolare quelli della *MTB-242* e *MTB-243* della 24ª Flottiglia mentre si dedicavano a dare assistenza alla *Vienna*, dopo che era stata colpita a prua da una bomba che aveva demolito alcune strutture. La nave, che aveva a poppa la motosilurante *MTB-86* bisognosa di riparazione ai motori, fu subito preda di un incendio. Quando fu domato, era così devastata che fu rimorchiata a Brindisi. Ma i gravi danni riportati dalla *Vienna* erano risultati talmente gravi da impedirle di poter adempiere al suo ruolo di nave deposito costiera. Fu calcolato che le riparazioni sarebbero durate per circa otto mesi. Pertanto, continuò ad essere utile come magazzino per pezzi di ricambio. Il 6 febbraio 1944 fu ancora colpita a Brindisi da una bomba durante un attacco aereo, dopo di che il 4 aprile raggiunse Taranto per le riparazioni. Tornata in Gran Bretagna, a Tyne, l'8 ottobre fu trasformata in trasporto truppe. Rimase in servizio nella Royal Navy fino al 1960.

Oltre a prestare soccorso alla loro nave deposito *Vienna*, dopo la partenza dei bombardieri tedeschi tutte le motosiluranti britanniche della 20ª e 24ª Flottiglia, in grado di prendere il mare, ricevettero l'ordine di andare in soccorso agli uomini delle navi mercantili affondate, o che stavano affondando o venivano abbandonate[39]. Le *MTB-81* (tenente di vascello Laurie Vezey Strong), *MTB-242* (tenente di vascello Clode R. Holloway) e *MTB-243* (tenente di vascello H.C.H. Du Boulay), anche se disponevano in quel momento di equipaggi ridotti trovandosi il resto in franchigia, si aggirarono per il porto per andare a recuperare coloro che si trovavano ancora intrappolati a bordo delle navi in fiamme, e raccolsero marinai tra i vapori acri provenienti dalla superficie del mare. Alcuni uomini erano riusciti a raggiungere il molo orientale a piedi, e le motosiluranti li raccolsero. Altri si dibattevano in acqua, ed essendo feriti non erano in grado di arrampicarsi sulle motosiluranti, per cui i membri degli equipaggi dei piccoli scafi, toltisi i pantaloni e gli indumenti ingombranti, si gettarono in acqua per aiutarli a salire a bordo.

Durante la ricerca la *MTB-81*, che aveva a bordo il comandante delle motosiluranti capitano di corvetta Morgan-Giles, avvistò una nave italiana che con le sue pompe stava tentando di domare l'incendio che divampava su una nave Liberty, abbandonata dall'equipaggio. Avendo saputo che quel piroscafo, che si trovava tra due navi in fiamme una delle quali era una petroliera, aveva un carico di bombe, la motosilurante del tenente di vascello Laurie Strong, fissata una cima, la prese a rimorchio e la trasporto a circa 100 metri di distanza da dove si trovava, in modo da aumentare la distanza da altre navi in caso di esplosione. Quindi presi tutti gli estintori che si trovavano sulla *MTB-81* il comandante delle motosiluranti si trasferì con alcuni uomini sulla Liberty per domare l'incendio. Si trattava della Liberty statunitense *Samuel J. Tilden*, che come abbiamo detto fu poi silurata, per ordine ricevuto, dalla motosilurante *MTB-297* del tenente di vascello John Robinson Woods, per evitare che causasse danni ad altre navi.

---

39 La 24 Flottiglia aveva le motosiluranti *MTB-81*, *MTB-85*, *MTB-86*, *MTB-242*, *MBT-243*; la 20ª Flottiglia aveva la *MTB-84*, *MTB-89*, *MTB-97*, *MTB-226*.

Durante l'attacco aereo la motosilurante *MTB 296*, della 24ª Flottiglia, fu così gravemente danneggiata da restare fuori servizio per tutta la guerra e poi demolita. Delle altre sei motosiluranti che si trovavano in porto la *MTB-81*, *MTB-242* e *MTB-243* durante l'opera di soccorso riportarono alcuni danni, mentre rimasero indenni la *MTB-85*, *MTB-86* e *MTB-297*. Inoltre, l'affondamento del piroscafo polacco *Puck* ebbe la conseguenza che vennero a mancare per le riparazioni delle motosiluranti della 20ª e 24ª Flottiglia alcuni motori e pezzi di ricambio che, assieme ad altre merci, facevano parte del carico di quella nave[40].

Il 6 dicembre 1943 il Comando delle Forze Costiere del Mediterraneo con una relazione dall'oggetto "Mustard gas contamination", riportava che la contaminazione riguardava il personale della nave deposito *Vienna*, delle motosiluranti *MTB-287, 289, 290, 296, MTB-81, MTB-86, MTB-242* e della motolancia *ML-361*. In seguito a ciò veniva deciso che il personale che non era venuto a contatto con il gas, e non si trovava negli ospedali, dovesse sgombrare il porto di Bari per trasferirsi con le loro navi a Brindisi. Due ore dopo la *Vienna* salpava per la nuova destinazione. Ma poiché gli effetti del gas continuarono a verificarsi, uomini e mezzi furono sottoposti ad un'accurata decontaminazione, con la conseguenza di andare incontro ad un periodo di inattività di quelle motosiluranti in Adriatico[41].

▲ Motosiluranti MTB britanniche in navigazione in Adriatico.

---

40 WW2AIRCRAFT.NET: Disaster at Bari, Italy
41 George Southern, *Poisonous Inferno*, cit., pp. 173-174.

▲ Bari, 3 dicembre 1943. Recupero dei cadaveri dopo l'attacco tedesco.

▼ Dopo l'attacco della Luftwaffe. Milioni di detriti di legno nelle acque del porto di Bari.

▲ 16 dicembre 1943. La motosilurante britannica *MTB-243* procede ad alta velocità nei pressi del porto di Brindisi. A prora dispone di una mitragliatrice italiana Breda da 20 mm, ricevuta nell'ottobre 1943.

▼ Mitragliera da 20 mm Breda a prora di una motosilurante britannica.

IL DRAMMA DELLA LIBERTY "JOHN HARVEY"

La Liberty *John Harvey* (capitano Elwin F. Knowles), salpata da Baltimora con il convoglio AGS.21, dopo aver fatto scalo ad Orano dove imbarcò il carico delle bombe, il 20 novembre proseguì con il convoglio KMS.32 per Augusta, da dove ripartì il 26 novembre con il convoglio AH-10. Era arrivata a Bari il giorno 28 novembre, quattro giorni prima dell'attacco tedesco, per poi attraccarsi alla banchina n. 31 del molo foraneo di levante. Aveva a bordo un pericoloso carico "segreto" di 2.000 bombe M47/A1 "Mustard" ciascuna delle quali, dal peso di 45 chili, conteneva 60–70 libbre di gas tossico all' "Iprite" del tipo Levinstein H, che era sorvegliato da otto militari della 701ª Compagnia di prodotti chimici.

Dopo la prima guerra mondiale, la maggior parte delle nazioni, ma non gli Stati Uniti, aveva firmato i Protocolli di Ginevra del 1925, mettendo fuori legge l'uso di gas velenoso in guerra. Il trasferimento del gas all'Iprite e di altri gas fortemente tossici in Mediterraneo era stato autorizzato dal Presidente statunitense Franklyn Delano Roosevelt nell'agosto 1943. L'Iprite della John Harvey era destinato ad un deposito di Bari come riserva strategica per essere usato dagli Alleati per rappresaglia nel caso che i tedeschi avessero impiegato il loro gas nervino "Tabun", che risultava all'Intelligence concentrato in grande quantità in diciannove depositi in Germania, ad est del fiume Reno, ma che i tedeschi mai usarono.

Sembra che il comandante Knowles fosse stato informato del pericolosissimo carico, tanto che, avendo trovato il porto di Bari pieno di navi, aveva chiesto gli fosse data la precedenza nello sbarcare il carico della sua nave, ma gli fu detto di attendere il suo turno. Anche l'equipaggio della *John Harvey* durante la lunga permanenza in mare doveva avere dei sospetti, se non la certezza, su quel carico segreto, e risultava preoccupato. Quando la nave prese fuoco un ufficiale della Marina britannica, che evidentemente conosceva il pericolosissimo carico che la *John Harvey* aveva a bordo, dette ordine al comandante del cacciatorpediniere *Bicester*, capitano di corvetta Sydney William Floyd Bennets, di affondarla prima che esplodesse. Ma il *Bicester* non poté far nulla, perché nell'esplosione delle Liberty cariche di munizioni aveva riportato tali danni da non potersi muovere. Al momento in cui si verificarono le esplosioni, il *Bicester* si trovava affiancato al gemello *Zetland* che, come detto, aveva riportato anch'esso danni gravi. Le loro riparazioni a Taranto si prolungarono per circa due mesi[42]. Il piroscafo danese *Lars Kruse*, sequestrato dai britannici nel 1940, nell'agosto 1943 era stato ristrutturato per il trasporto della Benzina. Il 2 dicembre si trovava a poche centinaia di metri dalla *John Harvey*, e quando le munizioni del pericolosissimo carico della Liberty esplosero, il *Lars Kruse* (che già all'inizio dell'attacco aereo era stato colpito da due bombe nelle stive n. 2 e n. 4) fu investito dall'onda d'urto e dai rottami incandescenti, e strappato dal punto di ormeggio andò alla deriva nel bacino del porto. Il suo carico di benzina in lattine prese fuoco, e la *Lars Kruse* finì per affondare. Dei 32 uomini dell'equipaggio e degli 8 cannonieri britannici che si trovarono a bordo, al momento dell'esplosione ne morirono poco più della metà: 10 uomini dell'equipaggio e gli 8 cannonieri. Di essi 5 uomini morirono in conseguenza dell'esplosione della *John Harvey*, altri 13 uomini furono contaminati dall'avvelenamento del gas mostarda, e di essi 2 morirono tra atroci dolori per le vesciche causate dello stesso gas.

---

42 Her Majesty Government, *H.M. Ships damaged or sunk by enemy action, 3rd Sept. 1939 to 2nd Sept 1945*, anno 1952.

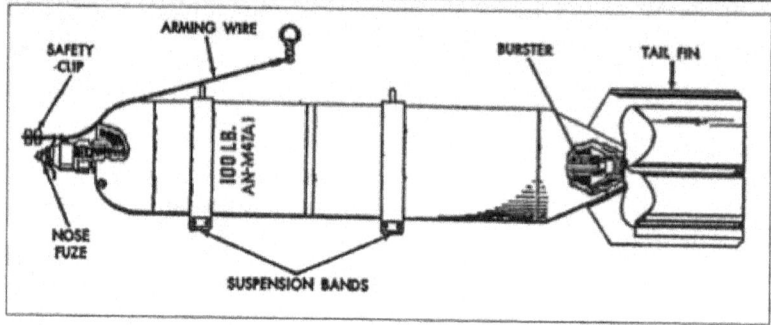

▲ La bomba di armi chimiche statunitense M47.

▼ Il cacciatorpediniere di scorta britannico *Bicester* che, essendo ancorato al nuovo molo foraneo di Bari vicino alle navi Liberty che esplosero, fu danneggiato gravemente la notte del 2 dicembre. Fu riparato a Taranto in circa due mesi di lavori.

▲ La nave deposito britannica Vienna (al centro) ad Algeri nel maggio 1943. Sono in porto la portaerei Formidable sullo sfondo, l'incrociatore Dido a sinistra, la nave deposito sommergibili Maidstone a destra, l'incrociatore contraereo Carlisle di fronte alla Vienna, e il cacciatorpediniere Ashanti a destra della Vienna.

▼ Il piroscafo per passeggeri britannico Vienna quando prima di essere requisito era adibita al servizio civile

▲ Il piroscafo danese *Lars Kruse*, ex *Cimbria*. Colpito dagli aerei tedeschi, trasportando benzina avio e munizioni, esplose affondando con quasi metà dell'equipaggio..

▼ Altra immagine del piroscafo danese *Lars Kruse*.

▲ La sinistra silhouette di uno Junkers JU 88, protagonista del bombardamento tedesco.
▼ Da dietro la poppa di un piroscafo britannico: fotografata una nave in fiamme con un mezzo antincendio in azione con le sue pompe.

L'esplosione della *John Harvey* non solo falciò l'intero personale della nave uccidendo il comandante Knowles e 77 uomini, ma dette il via ad una nuova tragedia, per molti versi ancora più devastante per l'incolumità delle persone, militari e civili.
L'agente chimico vescicante, diffondendosi sulla superficie del mare, miscelandosi in parte con la nafta che galleggiava formò alla superficie una pellicola tossica micidiale. Confondendosi tra le fiamme e le nuvole di fumo nero, il gas investì gli uomini che si dibattevano in mare in cerca di scampo e quelli delle squadre di soccorso, molti dei quali morirono in un secondo tempo per le conseguenze, o furono ustionati accecati, o riportarono intossicazioni e menomazioni fisiche. Ma la contaminazione dovuta a questo gas letale raggiunse cifre elevate di persone, con 828 pazienti ricoverati negli ospedali gestiti da britannici (il 98°), statunitensi (il 26°), neozelandesi (il 3°) e anglo indiani (il 14°). Vi furono 84 decessi entro la fine del mese di dicembre, che erroneamente furono ritenuti dovuti alle gravissime ustioni che causavano dermatiti. Il gas letale continuò a provocare nei mesi successivi al bombardamento molte vittime, anche fra militari e civili che lo avevano respirato o ne erano venuti a contatto, e occorse parecchio tempo perché i medici potessero risalire alla vera causa di quei decessi avvenuti con atroci dolori, a scapito delle opportune ed efficaci misure terapeutiche, poi infine adottate.

▲ A sinistra, una famiglia in fuga. A destra, le condizioni di un uomo coperto di nafta e probabilmente contaminato dal gas, soccorso da un ufficiale statunitense.

La difficile bonifica del porto di Bari si protrasse fino alla fine degli anni '50, provocando inevitabilmente altri lutti. Infine, l'affondamento in alto mare dei residuati, ebbe quale ultima conseguenza la contaminazione di pescatori locali ancora per molto tempo. Secondo quanto scritto dallo storico statunitense Morrison, parte del gas Iprite si era sparso nel porto, ma, *"per fortuna la brezza che soffiava da terra portò il gas in mare aperto"*. Altrimenti, se il vento avesse soffiato in direzione del centro abitato della città, le vittime e i contaminati dal gas sarebbero state più numerose[43].

Il nome della *John Harvey* sarà per sempre legato all'unico episodio di guerra chimica della seconda guerra mondiale. Ma quello che sconcerta furono le decisioni prese dai responsabili anglo-americani. Il generale Eisenhower, Comandante in Capo delle Forze Alleate, istituì una commissione d'inchiesta sui fatti di Bari, sotto la Presidenza del generale inglese Chichester-Constable. I lavori ebbero inizio il 2 gennaio 1944 per terminare alla metà di marzo. Quindi alla fine dell'inchiesta la Commissione emanò il "Bari Report", in cui era riportato che sulla Liberty *John Harvey* erano a conoscenza del carico delle bombe all'iprite, e si tentò anche di affondare il piroscafo nella notte per il pericolo che esplodesse, come in effetti avvenne alle 21:25. Al Comando del generale Eisenhower ad Algeri, l'indomani 3 dicembre era stata presa la decisione ufficiale, trasmessa, alle ore 13:13, al Comando di Bari, di rendere Segreto il trasporto del gas, e ciò impedì ai medici degli ospedali di conoscere da subito quale era la causa di tanti morti e feriti.

Mentre l'ultimo aereo tedesco si stava ritirando, le condizioni del porto e della città di Bari apparivano tragiche. Il porto era completamente in fiamme e la superficie dell'acqua bruciava, mentre le navi divorate dal fuoco esplodevano. Il vento, che inizialmente soffiava in direzione opposta alla città, agevolando la popolazione, cambiò direzione poco tempo dopo, e la zona attorno al porto fu invasa dal fumo, mentre nelle acque della superficie del mare, invase dagli incendi della nafta e altri combustibili. Molti marinai che abbandonavano le navi in affondamento morirono nel tentativo di raggiungere la terra ferma.

Secondo il rapporto britannico riportato da George Southern, fin dall'inizio dell'attacco aereo tedesco la mancanza di rimorchiatori fu senza alcun dubbio il motivo per cui molte navi colpite, che avrebbero potuto salvarsi venendo rimorchiate, andarono perdute. E la colpa, secondo questo rapporto, era da ricercare nel comportamento dei marinai italiani di tutti i rimorchiatori che erano andati nei rifugi per mettersi in salvo quando ebbe inizio l'attacco, e tornarono sulle loro imbarcazioni molto tempo dopo. Dei quattro rimorchiatori disponibili il *Porto Pisano* fu affondato nell'ancoraggio n. 9; l'*Instancabile* non ebbe alcun problema, ma non poté salpare per l'allontanamento dell'equipaggio. La nave salvataggio *Capo D'Istria* aveva l'equipaggio che però non riuscì a mettere in funzione le macchine prima di mezzanotte, quando arrivarono il comandante e il direttore di macchina. Dopo di che il *Capo d'Istria* fornì un prezioso servizio. L'equipaggio del *Resistente*, il quarto rimorchiatore, non tornò a bordo prima del mattino successivo. Differente era invece considerato il comportamento delle motosiluranti MTB e delle lance HSL, che continuarono la loro opera di salvataggio raccogliendo sopravvissuti fino a dopo la mezzanotte, svolgendo *"un servizio inestimabile con coraggio e abilità*[44]*"*.

---

43 Samuel Eliot Morison, *Sicily – Salerno – Anzio, January 1943 – June 1944*, Castle Books, USA, 1954, p. 319.
44 George Southern, *Poisonous Inferno*, cit., pp. 139-140.

▲ Il piroscafo italiano *Volodda* (ex *Foyle*) che alcune fonti indicano colpito da bombe e affondato a Taranto il 2 dicembre 1943. In realtà era già semi-affondato per i gravi danni riportati per le cariche esplosive piazzate dai tedeschi sulla nave il 9 settembre 1943. Nel 1947 fu recuperato, poi riparato e rimesso in servizio. Fu demolito nel 1960, dal 1° novembre, a Borrowstounness, in Scozia.

▼ Bellissima immagine di una nave da trasporto statunitense Liberty. Di questo tipo di nave, 9 si trovavano a Taranto il 2 dicembre 1943: 5 di esse affondarono, *Joseph Wheeler, John Harvey, John L. Motley, Samuel J. Tilden, John Bascom*; 2 danneggiate *Lyman Abbott, John M. Schofield*; 2 illese *Grace Abbott, Louis Hennepin*.

IL BILANCIO DELLE PERDITE

Il prezzo pagato dagli Alleati, italiani compresi, in naviglio, morti e feriti fu indubbiamente assai elevato, tanto che in taluni ambienti statunitensi l'inatteso disastro di Bari fu considerato per quel motivo, esagerando forse, *"una seconda Pearl Harbor"*, oppure, più realmente, *"una piccola Pearl Harbor"*. Quella notte non solo andarono perdute 21 navi (più che a Pearl Harbor, ma non della medesima importanza), per 117.588 tonnellate di stazza lorda, e 38.000 tonnellate di carico vario, ma furono danneggiate gravemente altre 12 navi: 3 militari per 6.527 tonnellate e 9 mercantili per 39.832 tonnellate di stazza lorda.

Tra le navi affondate vi erano 16 piroscafi: gli statunitensi *John Harwey, John L. Motley, John Bascom, Joseph Weheler* e *Samuel J. Tilden*; i britannici *Testbank, Lars Kruse, Fort Athabaskan* e *Devon Coast* (petroliera); i polacchi *Puck* e *Lwów*; i norvegesi *Bollsta, Norlom* e *Lom*; il piroscafo italiano *Frosinone*, la motonave armata italiana *Barletta* e la petroliera *Cassala* (total loss). Affondarono inoltre altre quattro navi italiane, ossia i rimorchiatori *Porto Pisano* e *Pantelleria*, il motopeschereccio ausiliario *Ardito*, e la motobarca della Guardia di Finanza MB.10[45].

Tra le 12 navi danneggiate gravemente vi erano 9 piroscafi: gli statunitensi *Aroostooh* (petroliera militare), *Lyman Abbott, Grace Abbott, John M. Schofield*; i britannici *Crista, Fort Lajoie, Brittany Coast*; l'olandese *Odysseus*; il norvegese *Vest*. Vi erano poi tre navi militari britanniche: i cacciatorpediniere di scorta *Zetland* e *Bicester* (che furono riparati a Taranto) e la nave deposito *Vienna*[46]. Inoltre danni medi riportò la petroliera militare francese *Drôme* (ex *Aube* di 1.155 tsl) e danni minori il piroscafo lettone *Dagö* (1.996 tsl), senza comprometterne per entrambe le navi la possibilità di navigazione[47].

Invece, non si conosce l'esatto numero di morti che si ritiene fosse di oltre 1.000 persone. Tra queste, dei circa 125 americani, di cui 75 degli equipaggi delle navi e almeno 50 delle guardie armate, mentre la stima emessa dalla Prefettura di Bari elenca a 243 il numero dei civili italiani morti sicuramente identificati, in gran parte, 181, disseppelliti da sotto le macerie dei palazzi della città, che subì gravissimi danni in almeno cinque punti fino alla parte storica e al cimitero. Nella sola via Crisanzio morirono 113 persone. Molti baresi persero la vita nei rifugi per gli allagamenti in seguito alla distruzione delle condutture d'acqua, altri annegarono in mare, ma molti furono salvati tra le macerie dai soccorritori, in particolare dai pompieri, come si

---

[45] Il mattino del 19 novembre 1942, alle ore 05:30, durante una forte mareggiata il rimorchiatore militare *Pantelleria*, di 230 tsl, che era in un piccolo convoglio, si incagliò presso Torre Canosa (Bari). Nel libro dell'Ufficio Storico della Marina Militare *Navi Militari perdute* (1973, p. 91) il *Pantelleria* è considerato perduto, senza dare spiegazioni. Su questo episodio, nella mia copia fotostatica dell'*Elenco delle navi da guerra della Marina Militare Italiana gravemente danneggiate in Mediterraneo nel corso del secondo conflitto mondiale* (10-6-1940 – 8.5.1945), che si trova nell'Archivio Ufficio Storico della Marina Militare, è invece scritto: *"La nave giace su un fianco a circa 50 metri dalla spiaggia. Sarà tentato l'eventuale salvataggio migliorando le condizioni del mare"*. Poiché secondo la ricerca, da me a suo tempo fatta, risultava che il *Pantelleria* era stato affondato da aerei il 2 dicembre 1943 a Bari, si deve ritenere che la nave, piegata sul fianco, era stata disincagliata e condotta in porto. Nella stessa occasione avevo scoperto che erano stati affondati il rimorchiatore *Porto Pisano*, il motopeschereccio ausiliario *Ardito*, e la motobarca della Guardia di Finanza *MB.10*. Il *Porto Pisano* era un rimorchiatore militare di 226 tonnellate, entrato in servizio nell'agosto 1936. Dopo l'affondamento fu recuperato e riparato e continuò a servire nella Marina italiana fin alla radiazione del 20 agosto 1985.

[46] Secondo Arnold Hague in *Convoy Database*, risulta che fu danneggiata anche la nave frigorifera Britannica *Spero*, di 1.589 tls, che era arrivata a Bari il 1° dicembre con il convoglio AH-10A e che secondo l'elenco e il grafico di Giuseppe Grande nel suo articolo *Bombe tedesche su Bari* (pp. 44-45) si trovava ancorata nel bacino tra il vecchio e il nuovo molo foraneo. Tuttavia, ufficialmente il danneggiamento dello *Spero* non si trova sugli elenchi ufficiali.

[47] Pagina NARA n. 111 del Diario dell'Ammiragliato britannico del 2 dicembre 1943.

chiamavano allora i vigili del fuoco, nella loro opera generosa e coraggiosa. Le valutazioni tedesche sui successi realizzati nel micidiale attacco aereo furono poco distanti dalla realtà, dal momento che fu ritenuto che fossero state affondate 25 navi e 13 danneggiate, mentre invece dalla decrittazione dell'Ultra del rapporto finale tedesco, si parlava, sottostimando, di aver conseguito *"ottimi risultati"*, con l'affondamento di sole 4 navi, e il danneggiamento di altre 21. Il prezzo che la Luftwaffe pagò per questo eccezionale successo fu rappresentato dalla perdita, come detto, di due soli velivoli, abbattuti dalla contraerea e degli otto uomini dei due equipaggi. Si trattava dello Ju.88A-4 del 3./KG.30 WNr. 142162 4D+IL con pilota il sergente Karl-Ernst Hellwing, e dello Ju.88A-4 della 1./KG.54 WNr 300267 B3-EH con pilota il sergente maggiore Walter Klein[48].

▲ Il porto di Bari come appare oggi.

---

48 Christophrt Shores –Giovanni Massimello – Russell Guest – Frank Olynyk – Winfried Bock – Andy Thomas, *A History of the Mediterranean Air War 1940 – 1945*, Volume IV, Grub Street, London, 2018, pp. 456-457.

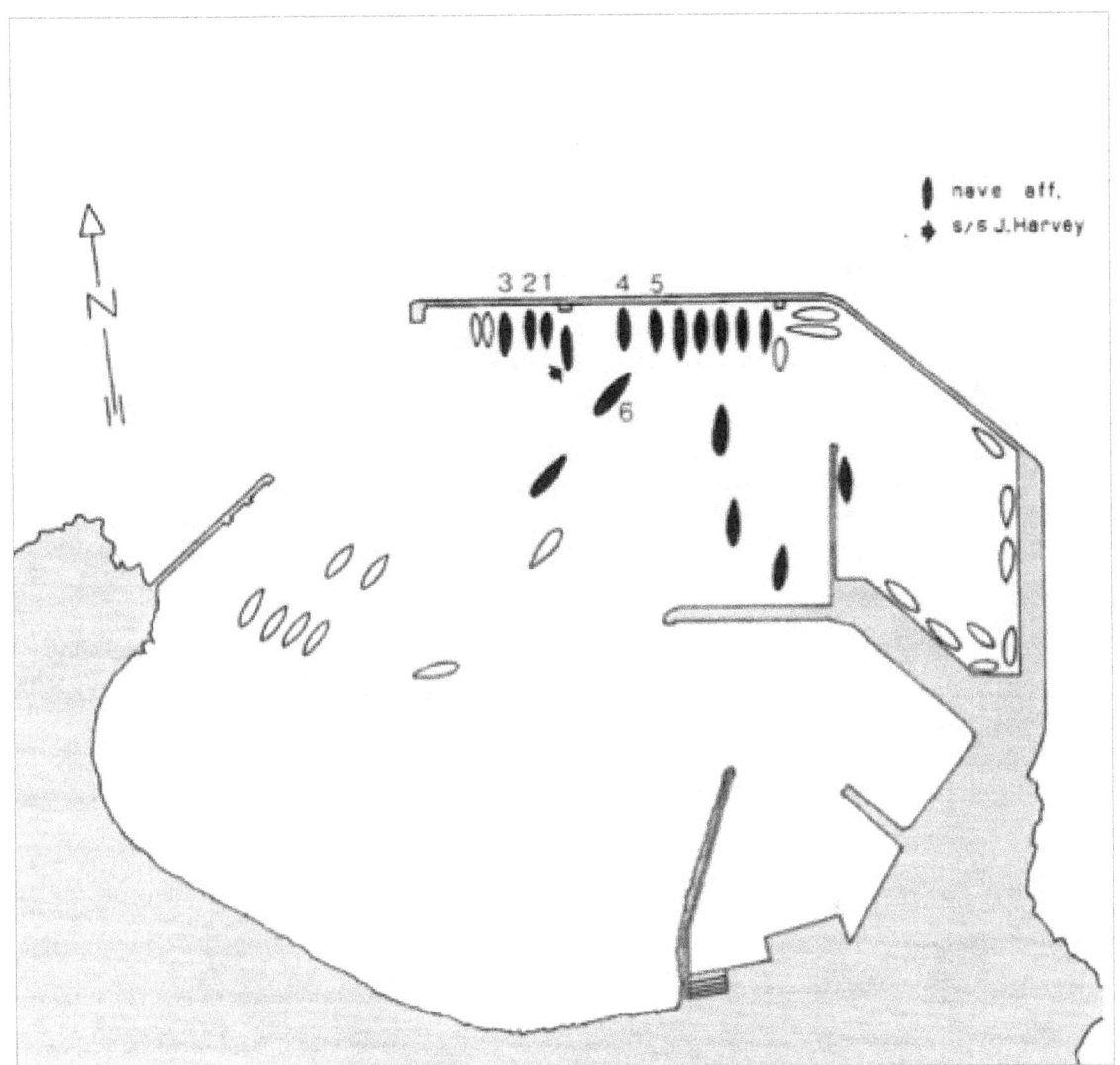

▲ Porto di Bari, 2 dicembre 1943., La posizioni delle navi affondate ai loro posti di ormeggio. N. 1 Motley, N. 2 Bascom, N. 3 S. Tilden, N. 4 J Wheeler, N. 5 Athabaskan, N. 6 L. Hennepin. Secondo la nostra ricognizione le navi affondate sono 21 e non 17 come nella cartina.

▲ Soldati britannici in soccorso dei feriti, mentre ovunque nella zona del porto vi sono devastazioni.

▼ Ju.88 del II./KG.30, uno dei sei Gruppi del II Fliegerkortps che partecipò al bombardamento del porto di Bari. Notare sotto le ali l'aggancio di quattro bombe da 250 chili.

▲ La petroliera britannica *Crista*, gravemente danneggiata dalle bombe degli aerei tedeschi, fu riparata temporaneamente ad Augusta. Trasferita ad Alessandria per lavori definitivi, rientrò in servizio nel maggio 1944.

▼ Il piroscafo olandese *Odysseus* (capitano Ruig), altra nave mercantile danneggiata per esplosioni di bombe cadute vicino allo scafo.

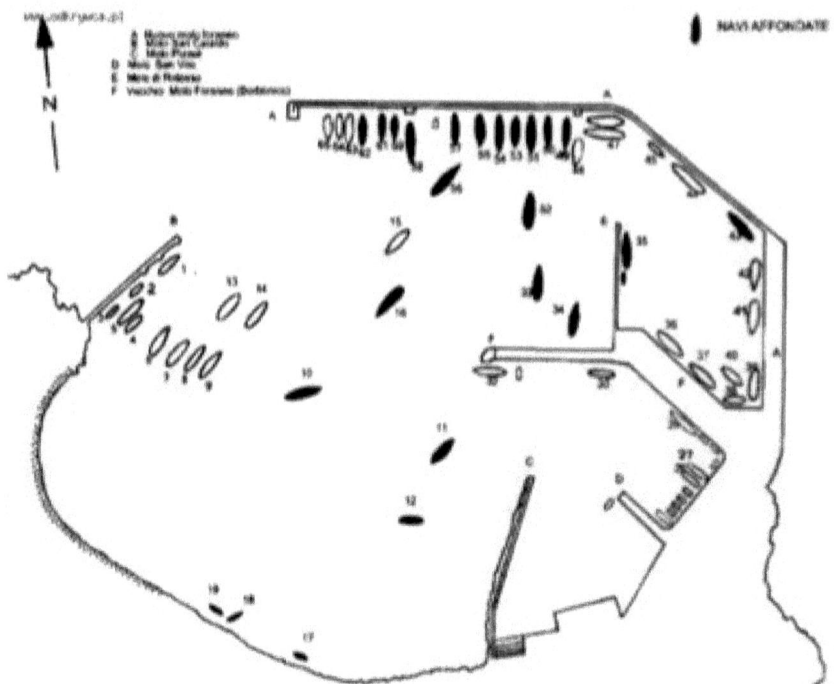

▲ In questo disegno le navi in nero nel porto sarebbero quelle affondate nell'attacco del 2 dicembre 1943, secondo l'articolo di Giuseppe Grande *Bombe tedesche su Bari*, p. 45. Sarebbero 25, un numero superiore a quello dei rapporti degli Alleati e della nostra ricostruzione. Abbiamo già detto che alcune di queste navi erano già state affondate dai tedeschi il 9 settembre 1943. Vi furono poi, con le 20 navi affondate, altre 12 navi danneggiate, ma è possibile, per danni minori, che il loro numero fosse maggiore.

▼Grafico del Comando Marina Bari e inviato a MARIDIPART TA il 29 aprile 1944 (tre mesi dopo l'attacco aereo) dal quale si evincono le navi affondate e giacenti nel porto di Bari a quella data. Qualcuna dev'essere stata recuperata in quanto poco danneggiata. (U.S.M.M. fondo Maridipart Ta, cartella 36).

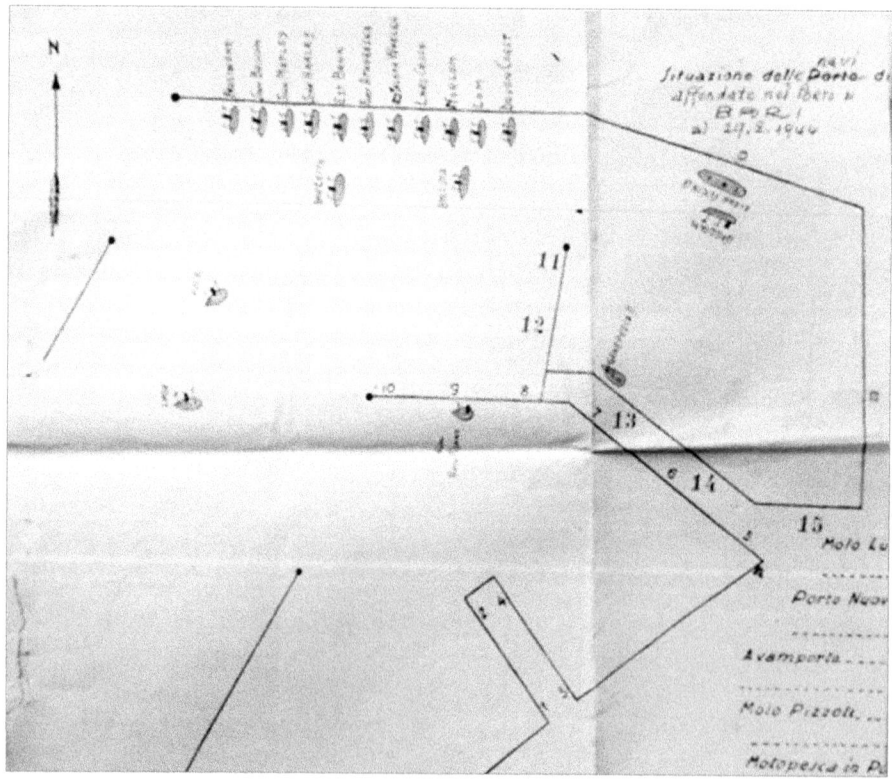

Il grafico, ricevuto da Pasquale Trizio, che ringrazio, è della massima importanza perché dimostra che furono affondate al molo foraneo, partendo da sinistra le seguenti navi: *Frosinone, John Bascon, John L. Motley, John Harvey, Testbank, Fort Athabaskan, Joseph Weheler, Lars Kruse, Norlom, Lom, Devon Coast*. Dietro le navi allineate furono affondate: *Barletta, Bollsta, Lwòw, Puck*. Ancora più indietro: *Porto Pisano, Genepesca II* (affondata dai tedeschi il 9 settembre). A sinistra *Ocean Viking*, che non porta il segno dell'affondamento e il *Goggian* già danneggiato da sommergibile e poi usato per tappare una falla nel molo foraneo. Mancano la *Liberty Samuel J. Tilden*, che era stata trascinata da due motosiluranti in mare aperto e poi affondata col siluro a 2 miglia dall'imboccatura del porto dalla *MTB-297*, la cisterna *Cassala* considerata "total loss" (e quindi rientra nelle perdite), nonché il rimorchiatore *Pantelleria*, il motopeschereccio ausiliario *Ardito*, e la motobarca della Guardia di Finanza *MB.10*, forse recuperati dal fondale. Mancano le altre navi danneggiare e quindi si ritiene partite per le riparazioni in arsenali attrezzati.

LE 20 NAVI AFFONDATE NEL PORTO DI BARI NELL'ATTACCO AEREO TEDESCO DEL 2 DICEMBRE 1942

5 statunitensi: *John Bascom* 7,172 tsl - *John Harvey* 7.176 tsl - *Joseph Wheeler* 7.176 tsl - *Samuel J. Tiden* 7.176 – *John L. Motley* 7.176 tsl

4 britanniche: *Devon Coast* 646 tsl – *Fort Athabaskan* 7.132 tsl. – *Lars Kruse* 1.807 tsl – *Testbank* 5.083 tsl

3 norvegesi: *Bollsta* 1.832 tsl - *Lom* 1.268 tsl – *Norlom* 6.412 tsl

2 polacche: *Puck* 1.065 tsl – *Lwòw* 1.409

6 italiane: *Barletta* 1.975 – *Frosinone* 5.202 tsl – *Cassala* 1.797 tsl (total loss) – *Porto Pisano* 226 tsl – *Pantelleria* 230 tsl – *Ardito*, 32 tsl – *MB.10* 13 tonn

LE 12 NAVI GRAVEMENTE DANNEGGIATE NEL PORTO DI BARI NELL'ATTACCO AEREO TEDESCO DEL 2 DICEMBRE 1942

6 britanniche: *Zetland* 1.050 tonn – *Bicester* 1.050 tonn – *Vienna* 4.227 tonn – *Crista* 2.590 tsl – *Fort Lajoie* 7.134 tsl – *Brittany Coast* 1.389 tsl

4 statunitensi: *Aroostook* 1.840 tsl – *Lyman Abbott* 7.176 tsl – *Grace Abbott* 7.191 tsl – *John M. Schofield* 7.181 tsl

1 olandese: *Odysseus* 1.057 tsl

1 norvegese: *Vest* 5.074 tsl

▲ Le devastazioni in una banchina, mentre le squadre antincendio cercano di domare il fuoco su una nave mercantile.

▼ Con manichette, soldati britannici su una delle banchine del porto di Bari, gettano acqua su un piroscafo in fiamme.

Per riattivare l'importante base logistica di Bari dalla distruzione al suo funzionamento regolare, compreso l'oleodotto che era stato forato dalle bombe, gli anglo-americani furono costretti ad un duro lavoro di tre settimane, periodo nel quale gli Alleati deviarono parte del traffico marittimo a Brindisi e nei più piccoli e meno attrezzati porti di Barletta e Manfredonia. La capacità di scarico del porto di Bari scese pertanto tra le 500 e le 1.000 tonnellate. Da ciò ne conseguì, e questo fu indubbiamente un successo strategico tedesco, che per riattivare i rifornimenti destinati alla 15a Air Force, anche per la scomparsa di molti tecnici aeronautici rimasti uccisi o feriti sulle navi, quella grande unità aerea statunitense fu costretta a ridurre la sua attività di volo proprio al momento in cui stava per iniziare l'operazione "Point Blank[49]". Si trattava di una pianificata offensiva aerea sulle fabbriche che costruivano i velivoli da caccia della Germania, realizzata assieme ai reparti aerei dell'8ª Air Force, di base in Inghilterra, e quindi sviluppata da due direttrici: da sud e da nord.

▲ Il trasporto in barella di un ferito da parte di ufficiali dell'aviazione statunitense.

---

49 Alla fine di dicembre 1943 la 15a Air Force disponeva di due Stormi, il 5° e il 47° con Comando a Foggia e Manduria. Vi erano poi otto Gruppi da bombardamento: 2° e 97° ad Amendola, 98° a Manduria, 99° a Tortorella, 376° a San Pancrazio, 405° a Lecce, 449° a Grottaglie, e il 301° Gruppo nell'aeroporto in costruzione di Lucera. Cfr. Kevin Mahoney, *Fifteenty Air Force. Against the Axis combat Mission World War II*, Scarecrow Press, p. 21.

▲▼ Soldati britannici danno soccorso ai feriti per poi occuparsi del loro trasferimento negli ospedali.

▲ I relitti delle Liberty statunitensi *John Bascom* (destra) e *John Motley* (sinistra).

▼ Relitti di navi affondate il 2 dicembre nel porto di Bari.

Secondo Morison, l'attacco aereo tedesco contro Bari rappresentò per le sue conseguenze *"l'azione più distruttiva sul naviglio dall'epoca dell'attacco su Pearl Harbor[50]"*. Mentre il generale Eisenhower ammise nelle sue memorie che si trattò della *"più grande perdita dovuta a singola azione aerea nemica inflitta agli Alleati durante l'intera campagna in Europa"*.

Dopo il micidiale attacco della Luftwaffe, hanno scritto due storici britannici, gli Alleati *"accrebbero le loro precauzioni che erano state incresciosamente trascurate. Bari era difesa da un minimo di batterie antiaeree con pochi proiettori. Nella notte dell'incursione il miglior apparato radar era inefficiente, le comunicazioni telegrafiche non erano a posto e tutto il sistema di difesa si trovava ostacolato dal fatto di dipendere da troppe autorità. Naturalmente questa sventura non fu che un contrattempo e gli attacchi notturni degli Ju.88 su Napoli non ebbero grande influenza sul fianco dei rifornimenti[51]"*.

Da parte italiana, furono subito iniziati, in accordo con le Autorità degli Alleati, i lavori per il recupero delle navi affondate nel porto di Bari, e per le riparazioni delle attrezzature portuali danneggiate, che includevano gli edifici del Comando Marina, della Capitaneria di porto e della Caserma dei marinai[52]. Segue una copia fotostatica della relazione schematica degli avvenimenti di Bari del 2 dicembre 1943 del Comando Supremo Italiano che aveva la sua nuova sede a Brindisi, dove si trovavano, dopo la fuga da Roma (ritirata strategica!), anche il Re Vittorio Emanuele III con la famiglia, i Capi Militari delle Forze Armate e i membri del Governo.

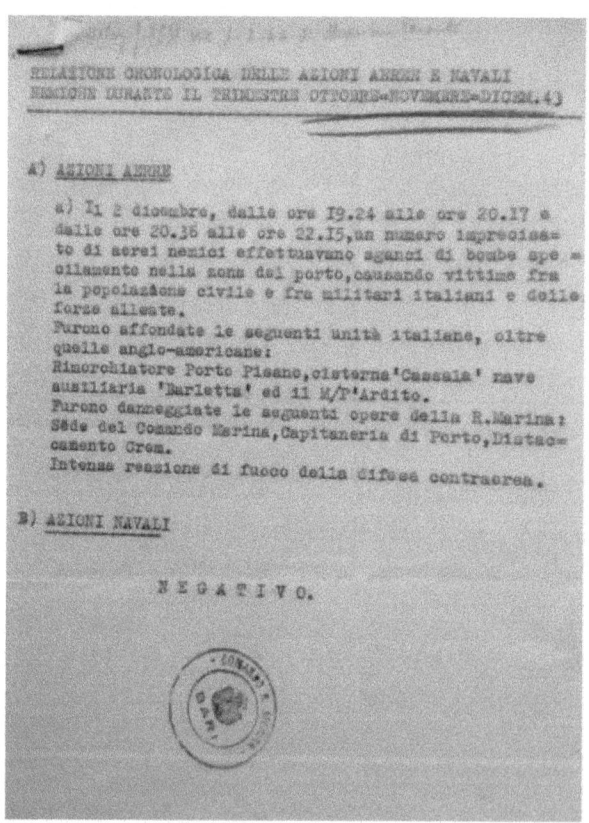

---

50 Samuel Eliot Morison, *Sicily – Salerno – Anzio, January 1943 – June 1944*, cit., p. 322.
51 Richard Dennis & Str. G. Saunders Hilary, *Royal Air Force*, Volume II, United Kingdom Military Series.
52 Giuseppe Fioravanzo, *La Marina dall'8 Settembre 1943 alla fine del conflitto*, Ufficio Storico della Marina Militare, Roma, 1971, pp. 251-252.

GLI ULTIMI ATTACCHI DELLA LUFTWAFFE CONTRO I PORTI ITALIANI DELL'ANNO 1943

Dopo la zampata micidiale di Bari, il 2° Fliegerkorps non fu più in grado di poter agire contro gli obiettivi portuali in Italia, e tantomeno contro gli aeroporti delle Puglie, in quanto quattro dei suoi sei gruppi da bombardamento furono trasferiti in Germania per ordine dell'O.B.d.L., l'Alto Comando della Luftwaffe. Il II./KG.76, lasciò l'aeroporto di Villaorba il 4 dicembre per raggiungere Varrelbuschm nella Germania nord occidentale, con lo scopo di ricevere nuovi velivoli e prepararsi a partecipare ad un attacco in forze contro l'Inghilterra, denominata operazione "Steinbock" (Stambecco), compito assegnato alla 3a Luftflotte del feldmaresciallo Hugo Sperrle. L'operazione fu ordinata da un arrabbiatissimo Adolf Hitler per rappresaglia contro gli attacchi aerei indiscriminati e terroristici della RAF sulle città della Germania. Il I./ KG.54 (poi seguito dal II./KG.54) partì il 13 dicembre da Cameri per Ungolstadt-Manching per riorganizzarsi. Lo seguì l'indomani il II./KG.30 per andare da Novara a Varel, nella Germania occidentale, anch'esso per partecipare al blitz che si preparava contro l'Inghilterra, assegnandovi il maggior numero di bombardieri, anche se ciò significava indebolire il fronte italiano[53]. L'Ultra venne a conoscenza che i reparti aerei tedeschi si stavano trasferendo dall'Italia in Germania, con tre intercettazioni di messaggi Enigma trasmessi tra il 12 e il 14 dicembre[54].

Non potendo il II Fliegerkorps partecipare alle azioni contro i porti, fu deciso dall'O.B.d.L. che qualche azione, se non altro di disturbo, fosse effettuata dai reparti del X Fliegerkorps del Comando Sud-Est che si trovavano in Grecia, e che avevano ultimato la loro attività bellica in Egeo, dove i tedeschi, con lo sbarco di Lero a metà novembre, ebbero completata la conquista delle Isole Italiane dell'Egeo (Dodecaneso), costringendo alla resa anche i contingenti britannici che vi si erano trasferiti. Un ciclo di operazioni, iniziato dopo l'8 settembre, con la resa dell'Italia agli Alleati, e che era costato molto caro alla Royal Navy, a cui la Luftwaffe aveva riservato un'altra dura lezione dopo quella di Creta del maggio 1941. Tra le varie navi colpite, l'incrociatore contraereo *Carlisle* ricevette danni talmente gravi da rimanere per sempre relitto immobilizzato, e quindi considerato total loss, mentre tra il naviglio minore furono affondati ben sei cacciatorpediniere. Un secondo attacco su Bari, ma di ben minore proporzione di forze impiegate, si verificò alle 18:20 del 13 dicembre, ad opera di una formazione di ventuno bombardieri Ju.88 del 1° e 3° Gruppo del 1° Stormo Sperimentale (I. e III./LG.1), decollati alle 15:30 dalle basi greche di Eleusis e Kalamaki[55]. Il I./LG.1 era comandato dal maggiore Karl-Heinz Schomann, il II./LG.1 dal maggiore Hans-Günther Nedden.

---

[53] L'operazione "Steinbock" ebbe inizio nella notte del 21-22 gennaio 1944 con una forza di 474 bombardieri e terminò nel maggio dello stesso anno senza conseguire i risultati attesi da Hitler, e con la perdita, in cinque mesi, di 524 velivoli: 270 Ju.88, 121 Do.217, 35 Ju.188, 46 He.177, 27 Me.410 e 25 Fw.190. L'attacco, che non portò ai risultati sperati, fu sospeso anche per risparmiare aerei da impiegare nell'atteso sbarco degli Alleati in Normandia, che ebbe inizio il 6 giugno. Inoltre lo sbarco ad Anzio del 21 gennaio, lo stesso giorno dell'inizio della "Steinbock", costrinse l'O.B.d.L. a riportare in Italia reparti di bombardieri (per sostituire quelli che erano partiti per il blitz) come lo Stab./KG.76 con i Gruppi II. e III./KG.76 a Ronchi e Villaorba, e il I./KG.30 a Bergamo; e facendo arrivare altri reparti come lo Stab./LG.1 con i Gruppi I. e III./LG.1 trasferiti ad Aviano dalla Grecia. Durante l'operazione "Steinbock", il II./KG.30 operò dall'aeroporto di Sint- Trioden, in Belgio, avendo inizialmente in carico 36 Ju.88 (e quindi inferiore all'organico di Gruppo di 42 velivoli), mentre il KG.54, con il I. e II./KG.54, e con una dotazione iniziale di 72 Ju.88, si trasferì nella Germania nord-occidentale, rispettivamente negli aeroporti di Wittmund- Jever e Marx.

[54] Hinsley F.H. e altri, *British Intelligence in the Second World War*, Volume III, HMSO, Londra, 1984, p. 184.

[55] Alla data del 10 novembre 1943 il X Fliegerkorps, alle dipendenze del Luftwaffenkommando Sud-Ost, disponeva di uno stormo con due gruppi da bombardamento, con il seguente organico: Stab./LG.1 con 1 Ju.88; I./LG.1 con 14 Ju.88 (10 operativi), III./LG.1 con 34 Ju.88 (28 operativi), tutti di base ad Eleusis presso Atene. Vi era poi a Salonicco il Gruppo da bombardamento II./KG.51 con in carico 18 Ju.88 (11 operativi). Questi velivoli erano impegnati in Egeo e si preparavano ad appoggiare lo sbarco sull'isola di Leo, difesa da italiani e britannici, che però, nonostante l'impegno profuso, non poterono opporsi alla conquista da parte di motivati paracadutisti e reparti da sbarco tedeschi.

▲ Le devastazioni agli edifici del porto di Bari.

▼ Adolf Hitler con, a sinistra, il Comandante in Capo della Luftwaffe (O.B.d.L.), maresciallo del Reich Herman Göring, in un'immagine dell'agosto 1943, quando le preoccupazioni dei due uomini erano rivolte alle questione italiane, per la caduta di Mussolini e del Fascismo, e si attendeva da parte degli alleati un possibile voltafaccia, il tradimento, come è conosciuto in Germania, che puntualmente avvenne l'8 settembre.

Questa volta, in controtendenza con le previsioni, le condizioni meteorologiche incontrate dagli aerei tedeschi erano pessime, determinando scarsa visibilità per individuare le navi in porto, che attaccate dalla quota di 3.000 metri e in picchiata, non riportarono alcun danno, né ve ne furono questa volta in città. La difesa contraerea britannica e italiana, con uno sbarramento definito "*terrificante*" da un testimonio oculare, il secondo ingegnere Ray Nichols del piroscafo britannico Nyanza, causò l'abbattimento di tre Ju.88 tedeschi: uno della 2ª Squadriglia del I./LG.1 con pilota il tenente Gert Winterfeld, e due della 8ª e 9ª Squadriglia del III./LG.1, con piloti il tenente Martin Schröder e il sergente Hans Grohmann. Il tenente Winterfeld ebbe problemi di navigazione al rientro dall'attacco e dovette ammarare per mancanza di benzina nel Golfo di Psara, dove due uomini dell'equipaggio annegarono. Si salvò invece il pilota con l'osservatore sergente maggiore Franz Resch. Sempre al rientro parte degli Ju.88 dei due Gruppi, in difficoltà di navigazione, andarono ad atterrare sugli aeroporti di Tirana e di Podgorica, in Montenegro presso Scutari[56].

La reazione degli statunitensi fu immediata. L'organizzazione crittografica Ultra era venuta a conoscenza dell'attacco aereo da parte dei bombardieri tedeschi decollati dagli aeroporti della Grecia, ma l'informazione arrivò troppo tardi, l'indomani. Comunque, conoscendo da dove gli aerei tedeschi Ju.88 dell'LG.1 erano decollati, lo stesso giorno 14 dicembre 150 bombardieri quadrimotori B.17 e B.24 scortati da tre Gruppi di caccia P.38 bombardarono pesantemente gli aeroporti di Eleusise e Kalamaki.

▲ Formazione di bombardieri Ju.88 del III./LG.1.

---

56 Peter Taghon, *Die Geschichte Lehrgeschwaders 1: 1942 - 1945*, Volume II, Germany, pp. 276 – 281; Giuseppe Grande, *Bombe tedesche su Bari*, periodico Storia Militare, maggio 2008, pp. 50-51.

Il 21 dicembre gli aerei del 1° Stormo Sperimentale tornarono ad insidiare le acque della Sicilia meridionale, attaccando un convoglio partito da Bengasi e diretto a Siracusa. L'attacco, in cui gli equipaggi tedeschi sostennero con ottimismo di aver colpito due navi, si svolse a 200 miglia a sud-est di Siracusa, e vi partecipò una formazione di otto Ju.88 dell'LG.1, che raggiunse l'obiettivo alle 16:00. Ma le navi erano scortate dai velocissimi caccia a lungo raggio Mosquito del 256° Squadron della RAF che, con il capitano K.H. Matheson e il maggiore C.L. W. Stewart (comandante dello Squadron), si accreditarono l'abbattimento di due Ju.88, uno del I./LG.1 con pilota il sergente Gerhard Fuckner, e l'altro del III./LG.1, con pilota il tenente Günther Warnecke.

Un'altra incursione ad opera di diciassette Ju.88 del I. e III./LG.1, con decollo alle 16:45 da Araxos, si svolse invece contro il porto di Augusta l'ultima notte dell'anno 1943, mentre un altro isolato Ju.88, rimasto separato dalla formazione, andò a bombardare Catania. Ma i danni riportati dagli Alleati non furono gravi[57]. La difesa contraerea britannica abbatté quel 31 dicembre un totale di cinque bombardieri su diciotto: tre del I./LG.1, con piloti, il capitano Dietrich Klövekorn, comandante della 3a Squadriglia, il tenente Karl-Heinz Friedrich, e il sergente Dietrich Lischke; e due del III./LG.1, con piloti il tenente Lothar Lischka e il sergente maggiore Herbert Schuppert. Quest'ultimo era il pilota dello Ju.88 della Squadriglia 9./LG.1 che aveva bombardato Catania, anch'esso non rientrato alla base. Con i cinque aerei persero la vita diciannove uomini dell'equipaggio, tra cui il comandante della 3./LG.1, capitano Herbert Kloevekorn[58]. Queste ultime perdite portarono a 61 il numero dei velivoli della 2ª Luftflotte, distrutti (23 in combattimento e 38 non rientrati alla base), considerando anche quelli della 2ª Divisione Aerea (2ª Flieger Division), dislocata in Provenza, negli attacchi contro i convogli degli Alleati lungo le coste del Nord Africa. Di questi 61 velivoli 22 erano stati abbattuti dall'artiglieria contraerea[59].

Furono comunque perdite accettabili poiché, in complesso, i velivoli tedeschi riuscirono ad affondare in quest'ultimo periodo dell'anno 1943 non meno di trentatré navi di ogni tipo, tra cui un cacciatorpediniere e ventitré preziose navi da trasporto, e a danneggiarne molte altre. Questo stava a significare per gli Alleati che la Luftwaffe, nonostante perdite e difficoltà di ogni tipo, nonché difficoltà nell'approvvigionamento dei carburanti dagli impianti petrolifero romeni di Ploesti, poteva ancora rappresentare un'arma temibile, da tenere in debito rispetto anche per avversari che, nelle basi italiane e del Nord Africa, possedevano una superiorità ancora schiacciante, dell'ordine di cinque a uno. Inoltre, nonostante gli sforzi della Luftwaffe per contrastare l'arrivo dei rifornimenti degli Alleati nei porti italiani, in quello principale di Napoli furono sbarcate nel novembre 1943 un totale di 244.600 tonnellate di rifornimenti e 14.350 veicoli e in dicembre 313.750 tonnellate di rifornimenti e 18.360 veicoli. A queste cifre si aggiunsero, con sbarchi nei porti satelliti di Napoli, in novembre 84.000 tonnellate di rifornimenti e 7.840 veicoli, e in dicembre 89.340 di rifornimenti e 5.230 veicoli.

---

57 C.J.C. Molony, F.C. Flynn, H.L. Davies, T.P. Gleave, *The Mediterranean and Middle East*, Volume V, cit., pp.561-562.
58 Ibid., p.562.
59 La 2ª Flieger Division del II Fliegerkorps (generale Alfred Bulowius), comandata dal generale Friedrich-Wilhelm Müller, disponeva dei reparti operativi da combattimento dislocati nella Francia meridionale; ossia dei Gruppi III./KG.100 con i bombardieri orizzontali Do.217, che portavano le speciali bombe perforanti antinave PC.1400 X (che il 9 settembre 1943 al largo dell'isola Asunara avevano affondato la corazzata italiana *Roma* e danneggiato *l'Italia* (ex Littorio), e del I. e III./KG.26, rispettivamente con velivoli aerosiluranti He.111 e Ju.88. Non facevano parte della 2ª Flieger Division i reparti della 3a Luftflotte del feldmaresciallo Hugo Sperrle dislocati nella zona di Bordeaux, che peraltro saltuariamente furono impiegati nel Mediterraneo occidentale, in particolare per compiti di ricognizione e di bombardamento con armi teleguidate Hs.293.

▲Il maggior generale Nathan F. Twning che nel gennaio 1944 assunse il Comando della 15a Air Force e due mesi dopo, il 3 gennaio 1944, fu nominato anche Comandante della Mediterranean Allied Strategic Air Force. Nel frattempo l'organico della 15a Air Force era passato dai sei gruppi da combattimento del generale Doolittle a tredici gruppi, che poi sarebbero divenuti 21. Ogni gruppo disponeva di quattro squadriglie di 15 velivoli. Il che significa che quella grande unità aerea disponeva nella sua massima forza di 1.260 velivoli tra B.17 e B.24, senza contare quelli di riserva. Vi erano inoltre a disposizione sette gruppi da caccia a lungo raggio P-38, P.47 e P.51, in grado di scortare i bombardieri anche nei più lontani obiettivi.

Infine, sull'efficacia dei bombardamenti della 15a Air Force per distruggere le possibilità di resistenza dei tedeschi, attaccando da sud le loro fabbriche e gli aeroporti della Germania, e in particolare dei loro rifornimento di combustibili liquidi che arrivavano dai Balcani, lo storico tedesco Rudolf Böhmler ha scritto[60]:

Nell'estate del 1943 la Germania riceveva ogni mese 220.000 t. di petrolio dalla Romania e dall'Ungheria; entro il giugno del 1944, grazie all'attività dei bombardieri pesanti della 15a squadra aerea strategica (che alla fine di maggio disponeva di 850 bombardieri e caccia a lungo raggio), le importazioni di petrolio erano scese a 40.000 t. Il sensibile rallentamento della produzione di aerei e le ripercussioni su tutte le armi dovute alla carenza di petrolio influirono in misura decisiva sulle capacità della Germania di prepararsi adeguatamente per l'imminente operazione "Overlond", riducendo nello stesso tempo la sua potenza offensiva in Italia e sul fronte russo.

Questo era stato l'importante contributo dato dalla 15a Air Force alla vittoria finale degli Alleati in Europa, grazie al possesso dei grandi aeroporti italiani della Puglia. Ancora oggi, l'Aeronautica italiana impiega negli aeroporti di Gioia del Colle e di Amendola due dei

---

60 Rudolf Böhmler, "La ritirata Verso Cassino. La versione tedesca", in *Storia della Seconda Guerra Mondiale*, IV Volume, cit., p. 276.

▲ Il raggio d'azione dei bombardieri strategici B.17 e B.24 della 15a Air Force partendo dall'aeroporto Castelluccio della zona di Foggia.

▼ Aeroporti e Gruppi da bombardamento e da caccia della 15a Air Force.

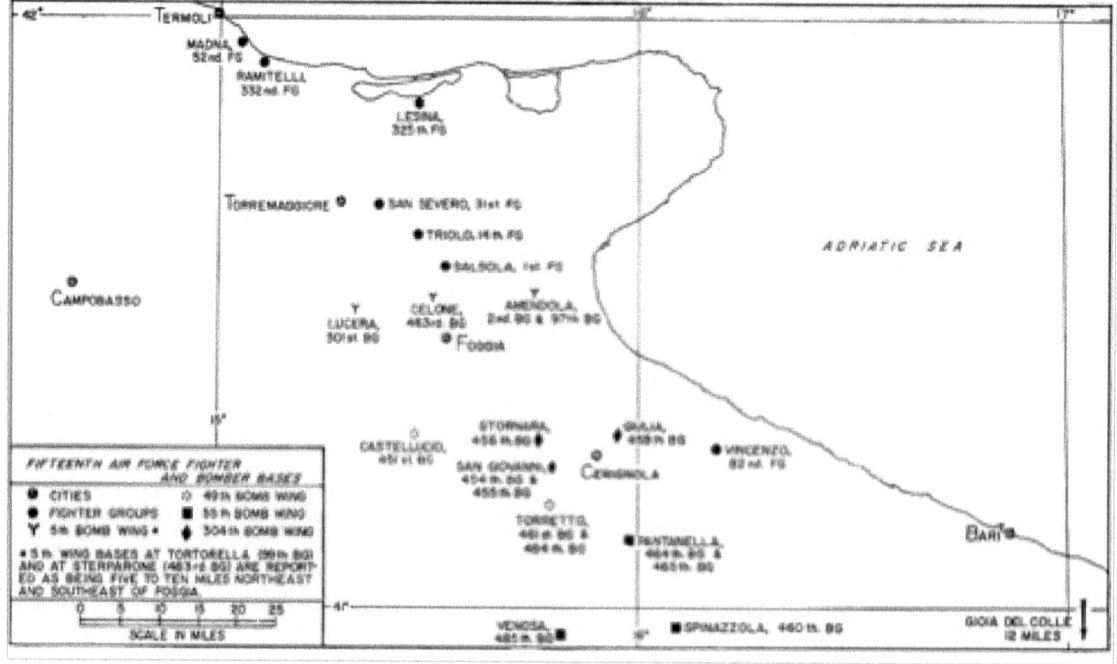

▲ Un B.24 della 781a Squadriglia (tenente colonnello Clarence Jack Lokker) abbattuto dalla contraerea tedesca il 20 novembre 1944 durante una missione su Blechhammer.

▼ Un equipaggio con il suo bombardiere B.24 del 464° Gruppo della 15a Air Force di base nell'aeroporto di Pantanella, ad ovest di Bari.

suoi più prestigiosi Stormi da combattimento: il 32° equipaggiato con i velivoli senza pilota "Predator" e con i futuristici velivoli di 5a generazione Lockheed Martin Lightning "F.35" (JSF – *Joint Strike Fighter*) costruiti a Cameri; e il 36° "Helmut Seidl" con velivoli da caccia Eurofighter 2000 "Typhoon".

Francesco Mattesini

▲ Velivoli multiruolo F.35 del 13° Gruppo del 32° Stormo. Acquistati anche dalla Marina per le sue portaerei.

▲ La nave Liberty statunitense *Charles Hendewrson* in imagine del 2 Gennaio 1944.

APPENDICE FOTOGRAFICA DELL'ESPLOSIONE A BARI DELLA NAVE LIBERTY STATUNITENSE CHARLES HENDERSON PER ESPLOSIONE DEL CARICO DI MUNIZIONI IL 9 APRILE 1945

Raccolta di scatti vari sul bombardamento del porto di Bari, opere principalmente del WOJG Hubert Platt Henderson che era di stanza a Bari come il direttore della Banda militare della AAF.

▲ Il fumo provocato dall'esplosione della nave nel porto di Bari visto dalle caserme.

▲ Il fumo provocato dall'esplosione della Liberty *Charles Henderson*.

▲▼ La *Charles Henderson* in fiamme dopo l'esplosione.

▲ Le devastazioni alla zona portuale per l'esplosione della *Charles Henderson*.

▲ Alcuni ragazzi baresi portano in salvo un ferito.

▲ Soldati americani e inglesi nell'opera di recupero dei feriti e dei morti a seguito delle forti esplosioni.

▼ Lavori di recupero su un molo del porto di Bari.

▲ Soldati americani recuperano dei feriti nella zona del Porto.

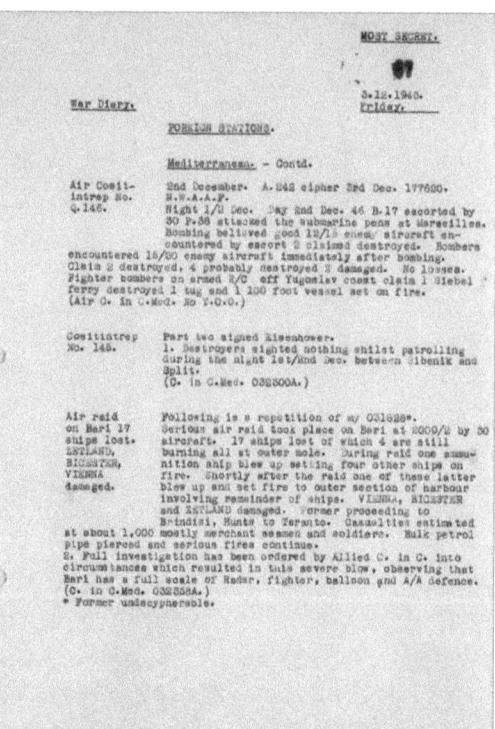

▲ Le tre pagine fotografate riguardano l'episodio dell'attacco aereo di Taranto del 2 dicembre 1943 e in particolare le perdite e i danni alle navi come è stato descritto nel Diario dell'Ammiragliato britannico.

TITOLI GIÀ PUBBLICATI
TITLES ALREADY PUBLISHED

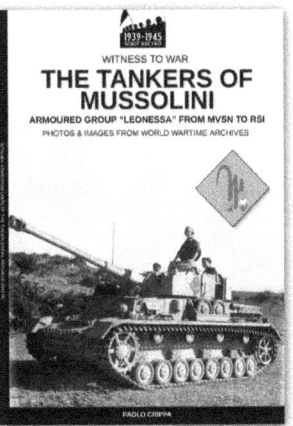
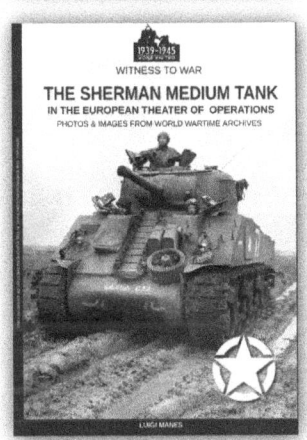

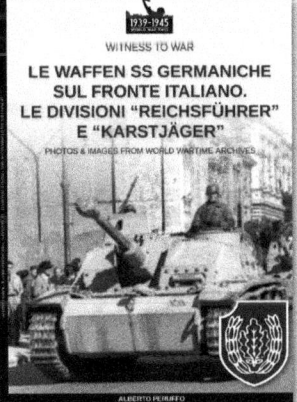

BOOKS TO COLLECT

www.ingramcontent.com/pod-product-compliance
Ingram Content Group UK Ltd.
Pitfield, Milton Keynes, MK11 3LW, UK
UKHW050416240426
12048UKWH00021B/1536